Lelia Kühne de Haan

# Ja, *aber*...

Lelia Kühne de Haan

# Ja, aber...

Die **heimliche Kraft** alltäglicher Worte
und wie man durch **bewusstes**
Sprechen **selbstbewusster** wird

*nymphenburger*

Mehr Informationen zu Lelia Kühne de Haan unter:
www.kuehnedehaan-kurztherapie.com


15. Auflage 2009 – Sonderproduktion

© 2001 nyymphenburger in der
F. A. Herbig Verlagsbuchhandlung GmbH, München
Umschlaggestaltung: Wolfgang Heinzel
Satz: Schaber Satz- und Datentechnik, Wels
Gesetzt aus: 11,85/14,9 pt. Optima
Druck und Binden: CPI Moravia Books GmbH, Korneuburg
Printed in EU
ISBN 978-3-485-00879-2


www.nymphenburger-verlag.de

# INHALT

Inhalt

# Einleitung

»Tut mir Leid, aber ich muss Ihnen einfach mal sagen, wie sehr ich mich darüber ärgere, dass ich mich nie auf Sie verlassen kann.«

»Das kann ich verstehen, aber es war diesmal wirklich nicht meine Schuld. Ich musste unbedingt noch etwas erledigen, was ich einfach nicht verschieben konnte.«

»Na gut, aber dann hätten Sie mir nichts versprechen sollen.«

»Ich weiß, es war ein Fehler. Aber als ich es Ihnen zusagte, glaubte ich noch, es zu schaffen.«

So könnte man diesen Dialog endlos fortsetzen und er käme uns allen ganz bekannt vor, weil wir ihn in unzähligen Varianten aus unserem eigenen Alltag kennen.

So ging es auch mir, bis ich im Laufe meiner psychotherapeutischen Arbeit mit den unterschiedlichsten Menschen irgendwann nicht mehr umhin konnte, die verschleiernde Funktion häufig benutz-

ter Begriffe des alltäglichen Sprachgebrauchs wahrzunehmen. In der Kommunikation mit meinen Klienten wurde mir bewusst, in welchem Ausmaß
und auf welche Weise wir mit dem unbewussten
Gebrauch dieser Begriffe negativen Einfluss auf
unser Leben und Erleben nehmen. Und zwar nicht
nur in unserem individuellen Sein, sondern auch in
unserem sozialen Kontakt.

Sieben der fünfzehn in diesem Buch behandelten
Begriffe kommen bereits im oben zitierten Dialog
vor:

> Aber
>
> Müssen
>
> Sich ärgern
>
> Nicht
>
> Sich verlassen auf
>
> Schuld
>
> Fehler

Die anderen acht sind:

> Mehr
>
> Entscheidungen
>
> Geben und Nehmen
>
> Sicherheit
>
> Sorgen
>
> Versuche
>
> Vertrauen
>
> Zeit

Mit diesen uns allen vertrauten und geläufigen Ausdrücken machen wir uns, ohne uns dessen bewusst zu sein, das Leben unnötig schwer. Durch ihren Gebrauch vermeiden wir nicht nur, uns selbst bewusst wahrzunehmen und zu begreifen, was tatsächlich in uns vorgeht, sondern verhindern auch die Befriedigung unserer Bedürfnisse und die Erfüllung unserer Wünsche.

Natürlich erhebt die obige Liste keinen Anspruch auf Vollständigkeit. Doch ist erst einmal das Bewusstsein für diese Worte geweckt, wird auch Ihnen immer häufiger die Vielschichtigkeit und Irreführung dieser und anderer umgangssprachlicher Begriffe bewusst werden.

Nun könnten Sie fragen: »Was nützt mir das?« – Hier die Antworten einiger meiner Klienten:

»Ich kann endlich Ja zu mir und meinem Leben sagen.«

»Das hat meine Selbstwahrnehmung und mein Bewusstsein völlig verändert.«

»Ich habe zum ersten Mal das Gefühl, von anderen gehört und verstanden zu werden.«

»Ich fühle mich plötzlich als freier Mensch.«

Indem wir die Auswirkungen besagter Worte auf unser Sein immer deutlicher erfahren, entdecken wir, dass sie zu irgendeinem Zeitpunkt in unserem Leben Schutzfunktionen hatten. Einen Schutz, den wir meist dann noch aufrechterhalten, wenn wir ihn gar nicht mehr brauchen oder mit dem wir uns selbst im Wege stehen. Denn der unreflektierte Gebrauch dieser Worte schafft eine Mauer, die die direkte Kommunikation mit uns selbst und mit anderen blockiert.

Je mehr wir diese Begriffe auf ihre wirklichen Aussagen und Auswirkungen hin durchleuchten, desto mehr wird unser Bewusstsein dafür geschärft. Und da es eine Tatsache ist, dass unser Bewusstsein unser Sein bestimmt, werden sich manche dieser Begriffe mit ganz neuen Inhalten füllen. Einige werden aus unserem Wortschatz verschwinden und an deren Stelle werden Worte treten, die eine direkte und authentische Kommunikation ermöglichen.

Die oft unglaublichen, überraschenden und die eigene Lebensqualität verbessernden Veränderungen, die meine Klienten durch die Entlarvung dieser Alltagsworte erfuhren, waren die Hauptmotivation, dieses Buch zu schreiben.

Jedes Kapitel befasst sich mit einem Begriff. Leicht nachvollziehbar wird die unbewusste Wirkung des bisherigen Wortgebrauchs beschrieben und begreifbar gemacht, auf welche Weise wir durch seine Anwendung ungewollt unsere Aussagen verfälschen und uns und andere in die Irre führen. Außerdem wird der eigentliche Sinn und die Bedeutung des jeweiligen Begriffs neu definiert.

Der zweite Teil jedes Kapitels verdeutlicht dann anhand von Übungen, konkreten Anwendungsmöglichkeiten und Fallbeispielen, wie Sie durch einen bewussteren Umgang mit Ihrer Sprache auf sehr einfachem Weg zu einem besseren, möglicherweise ganz neuen Selbstbewusstsein und Selbstverständnis kommen.

# 1 Aber-Glaube

*»Ja, aber ich bin überhaupt*
*nicht abergläubisch.«*

Gehören Sie zu den Menschen,
* die unter einer Leiter hindurchgehen, wenn es sich gerade so ergibt;
* die das niemals tun würden, weil es Unheil bringt oder
* die drumrum gehen, weil das sicherer ist?

Wo immer Sie Ihr Kreuzchen gemacht haben mögen, abergläubisch sind Sie in jedem Fall – auch wenn Sie Aberglaube weit von sich weisen, weil er mit unserer Kultur nicht vereinbar ist. Und doch gibt es eine Form von Aberglaube, die bei uns Kultur geworden ist. Denn laut Volks-Brockhaus steht Kultur nicht nur für »die Gesamtheit der geistigen und künstlerischen Lebensäußerungen«, sondern auch für »Zucht von Bakterien«.

»Aber, aber...«, werden Sie vielleicht sagen – und schon sind wir mittendrin in der hingebungsvollen Zucht von Bakterien. Denn »aber« ist das vielleicht am weitesten verbreitete Bakterium unserer Zeit.

Kaum einer, der es nicht sorgsam pflegt, der nicht dem Aber-Kult frönt und dem Götzen »Aber« sowohl öffentlich als auch innerlich und vor allem regelmäßig dient.

Oder haben Sie noch nie gesagt:

»Mir geht's gut, aber...«

»Das ist richtig, aber...«

»Das möchte ich gern machen, aber...«

»Ich will dir ja nicht wehtun, aber...«

»Ich weiß, aber...«

In unserem Denken und Glauben als Kultur angelegt, hat sich aber in der Gesamtheit unserer geistigen und künstlerischen Lebensäußerungen eingenistet und zum Virus für unser Bewusstsein entwickelt, das lahm gelegt wird oder ganz aussetzt, sobald das Aber in unserem Verstand aktiv wird.

Wir sind es so gewohnt, aber zu glauben, dass wir uns keine Zeit mehr geben, uns das Wesentliche einer Aussage bewusst zu machen und es ohne aber anzunehmen. Denn was wir in unserem Aber-Glauben annehmen, ist garantiert immer etwas ganz anderes.

Mal ehrlich: Haben Sie nicht auch eben noch sofort gedacht: »Aber ich bin wirklich nicht abergläubisch.« Oder: »Aber das ist doch Blödsinn«, bevor Ihnen bewusst werden konnte, dass hier nicht die Rede von Aberglaube, sondern von Aber-Glaube ist? Und dass es hier nicht um Glaube, sondern um die Wiederherstellung von etwas Unglaublichem geht? Nämlich um unsere Fähigkeit, uns ohne Protest, Kritik oder Vorbehalte auf eine Wirklichkeit einzulassen, die keines Glaubens bedarf. Es ist die Fähigkeit, sich eines realen, momentanen Empfindens bewusst zu werden. Und es wertfrei *wahr*zunehmen, indem wir uns wieder den Raum geben, es ohne aber stehen und wirken zu lassen.

Glaube als die Fähigkeit, von der Erreichbarkeit eines Ziels überzeugt zu sein, versetzt Berge. Aber-Glaube setzt diese Berge jedoch als unüberwindbares Hindernis direkt vor unsere Nase und richtet mehr Unheil an, als Aberglaube verhindern kann. Selbstentwertung, Frust, Abwertung anderer, Missverständnisse, Misserfolge und verpasste Chancen sind die Folge. Und ob wir uns dessen bewusst sind oder nicht, wir alle machen täglich Erfahrungen damit. Denn Aber-Glaube ist weiter verbreitet als jeder Aberglaube.

Ein weiser Mann sagte einmal: »Alles, was vor aber steht, ist eine Lüge.«

Jahrelang habe ich als ehemalige Aber-Hörende und Aber-Sagende versucht, diese Behauptung zu widerlegen. Es ist mir bis heute nicht gelungen.

Nicht, dass es nicht wahr wäre, was wir vor aber sagen. Wir nehmen es nur nicht mehr wirklich wahr, wollen oder können es nicht mehr wahr*haben*.

Denn was dem Aber folgt, fügt der Wahrheit nicht, wie wir glauben, noch mehr Wahrheit hinzu, sondern löscht sie aus und macht unser wirkliches Empfinden oder momentanes Bewusstsein zur Un-Wahrheit.

Das glauben Sie nicht? Das sollen Sie auch nicht, weil weder etwas Neues zu glauben noch anders zu denken vom Aber-Glauben kuriert. Denn nicht im Denken und Glauben hat aber seinen wahren Ursprung, sondern in einem Gefühl, und zwar einem völlig berechtigten: Aber entspringt dem unbewussten Gefühl, dass etwas fehlt. Doch was fehlt, ist nicht das, was wir mit aber nachliefern. Was fehlt, ist die bewusste Wahrnehmung dessen, was vor dem Aber gesagt wird.

Wer nicht bewusst wahrnimmt, was vor dem Aber steht, kann auch nicht bewusst wahrhaben, ob es der Wahrheit entspricht. Selbst wenn es stimmt, ist ihm nicht bewusst, dass es stimmt. Er weiß es also nicht wirklich. Und wer nicht wirklich weiß, will es wenigstens besser wissen, um das ihm fehlende Bewusstsein zu überwinden.

Doch kein noch so intelligentes Aber-Argument kann bewahrheiten, was wir nicht wahrnehmen. Denn der Verstand kann das Bewusstsein nicht ersetzen, da denken und bewusst sein zwei völlig verschiedene innere Vorgänge sind. Denken setzt unsere intellektuelle Intelligenz in Bewegung. Bewusst zu sein dagegen aktiviert unsere emotionale Intelligenz: Unsere Sinne, die uns – unabhängig von dem, was wir gerade denken oder glauben – vorurteilsfrei wahr-nehmen lässt, was wir im Moment tatsächlich tun, sehen, hören oder fühlen.

Aber erzeugt einen Kurzschluss in unserem Bewusstwerden. Ein Kurzer, der uns auf halbem Weg, statt ins Bewusstsein und damit in die reale Gegenwart, in den Verstand und damit in die imaginäre Vergangenheit oder Zukunft katapultiert. Statt das vor dem Aber Gesagte als eine bewusst empfundene Wahrnehmung oder wahrgenommene Empfindung zu erleben, switchen wir uns mit aber in den Verstand, um Vergleiche herzustellen, mit denen wir kopfgesteuert vor uns selbst davondüsen. Wo wir mit aber landen, ist nicht in Kontakt mit uns selbst und anderen, sondern in Distanz zu uns und ihnen.

Wir glauben, dass wir mit Denken schneller, leichter und besser ans Ziel kommen als mit Fühlen. Doch schneller, intelligenter und besser ist lediglich unsere Gewohnheit zu denken. Unsere emotionale Intelligenz, die Fähigkeit sinnspezifischer Wahrnehmung unseres gegenwärtigen Empfindens und Seins bleibt dabei auf der Strecke.

Aber zwingt uns, uns damit zu begnügen, zu glauben zu wissen und uns darauf zu beschränken zu denken, was wir oder andere fühlen. Denn in

Aber-Momenten sind wir ausschließlich damit be-schäftigt, das, was *ist*, mit dem zu vergleichen oder zu bekämpfen, was wir denken.

Wer denkt, er weiß oder habe begriffen, ohne es be-wusst verinnerlicht zu haben, weiß nicht wirklich, weil ihm das Gefühl, es (als) wahr-(an-)genommen zu haben, fehlt. Ein Manko, das er vergeblich versucht, mit aber zu kompensieren. Wer aber sagt, ist also nicht, wie es scheint, ein Besserwisser, sondern einer, der unbewusst sein Wissen verbessern will.

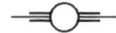

Solange Sie sich darauf beschränken zu denken, dass das, was Sie in diesem Buch lesen, richtig oder falsch ist, werden Sie tausend »aber« finden. Wenn Sie dagegen das, was Sie hier lesen, selbst ausprobieren, wird es für Sie kein aber mehr ge-ben, zumindest nicht für das, was Sie hier lesen. Sie werden wissen, was für Sie wahr ist und was nicht, weil Sie es bewusst erfahren, das heißt wahr-genommen haben werden.

Um diese Erfahrung zu machen, brauchen Sie nur die oben genannten Äußerungen oder ande-re, Ihnen vertraute Aber-Sätze zu Ende zu for-mulieren und bewusst auszusprechen. Zum Bei-spiel:

»Mir geht es gut, aber... dieses Wetter geht mir

derart auf die Nerven, dass ich zu nichts mehr richtig Lust habe.« Oder:

»Ich will dir ja nicht wehtun, aber... was du anhast, finde ich unmöglich. So gehe ich nicht mir dir auf diese Party.« Oder:

»Das möchte ich gern machen, aber... auf meinem Schreibtisch stapeln sich die Akten. Ich hab jetzt wirklich keine Zeit. Ich weiß sowieso nicht, wie ich das alles schaffen soll.«

Nachdem Sie sie laut ausgesprochen haben, beantworten Sie sich folgende Fragen:

Welchem Teil des jeweiligen Satzes haben Sie die größte Aufmerksamkeit, die meisten Worte, die höhere Bedeutung beigemessen? Dem vor oder dem nach dem aber?

Welcher Teil tat Ihr eigentliches Empfinden und Bewusstsein kund und welcher Ihr Denken? Welcher bestimmte Ihr Fühlen und Handeln? Worauf bekamen Sie eine Antwort oder Reaktion?

Auf das, was Ihrem realen momentanen Empfinden und Bewusstsein entsprach (vor dem Komma), oder auf das, was Ihnen Ihr Aber-Glaube diktiert hat?

»Ja, aber...« Nun machen Sie mal einen Punkt! – Nach dem Ja. Atmen Sie tief ein und aus und geben Sie sich einen Moment Zeit: Wozu haben Sie gerade »Ja« gesagt? Haben Sie tatsächlich gerade die Erfahrung gemacht, dass Sie dem, was aber folgt, mehr Wichtigkeit beigemessen haben als dem, was Sie vor dem Komma empfanden?

Stellen Sie sich vor, Sie hätten nach Ihrer Aussage, die vor aber steht, einen Punkt gesetzt. Sie hätten also gesagt:

»Mir geht es gut.«

»Ich will dir nicht wehtun.«

»Das möchte ich gern machen.«

Punktum. Probieren Sie es einmal aus. Verzichten Sie auf die Aber-Nachsätze, atmen Sie stattdessen ein paar Mal tief und sprechen Sie dann diese Sätze laut aus. Wie fühlt sich das an?

Wenn Sie im ersten Moment das Empfinden haben, dass Ihnen etwas fehlt, beweist das nur, wie aber-gläubisch Sie bisher waren. Halten Sie es noch einen Augenblick länger aus. Kommen Sie über das Loch der gestrichenen Gewohnheit hinweg und kehren Sie zurück in das Bewusstsein dessen, was Sie tatsächlich fühlen und gesagt haben.

Wie fühlt es sich an, dass es Ihnen gut geht? Ist dieses Gefühl es wert, es einen Moment wahrzunehmen, um es wahrzuhaben? Ist es ein Wunder, dass Sie zu nichts anderem Lust haben, wenn Sie bewusst spüren, dass es Ihnen gerade so richtig gut geht?

Wie fühlt es sich an, ein feinfühliger Mensch zu sein und schon im Voraus genau gewusst zu haben, dass das, was Sie vorhatten zu sagen, dem anderen wehtun würde? Nun können Sie auf das, was Sie sagen wollten, entweder ganz verzichten oder darauf achten, es weniger verletzend zu formulieren.

Was für ein Empfinden ist es, sich sagen zu hören: »Das möchte ich gern machen« und auch in den Gedanken einen Punkt zu setzen? Es einmal ohne Aber-Glaube auszuhalten und in sich wirken zu lassen. Zu fühlen, dass es da etwas gibt, was Sie tatsächlich gern machen möchten.

Können Sie den Drang der alten Gewohnheit spüren, lieber aber-zuglauben? Lieber mit geglaubten Zweifeln oder zweifelndem Glauben Ihr wahres Bedürfnis oder Empfinden auszulöschen als ihm, und damit sich selbst, eine Chance zu geben?

Geben Sie sich nur spaßeshalber einmal eine Chance. Denken Sie an etwas, das Sie schon lange gern machen wollten und sich bisher durch Aber-Glaube ver s a g t haben. Wie lange dauert es, bis Sie sich fragen: »Wieso eigentlich nicht?« Oder bis Ihnen eine völlig neue Idee kommt, wie Sie es anstellen könnten, zumindest einen ersten Schritt in die gewünschte Richtung zu tun?

»Das ist ja unglaublich«, staunte einer meiner Klienten, als er das zum ersten Mal machte, einen unerwarteten Einfall hatte und sich kurz darauf einen lang gehegten Wunsch erfüllte. Unglaublich war es nicht. Der Einfall war bis dahin nur noch nicht geglaubt – also ungeglaubt – gewesen, weil der Aber-Glaube diesen Raum eingenommen hatte.

Das Aber aus Ihrem Wortschatz zu streichen, heißt nicht, nicht auch anderer Meinung sein zu können. Doch wenn Sie aufhören, Ihren eigenen Aussagen oder denen eines anderen sofort aber entgegenzusetzen, werden Sie nicht nur bald merken, dass sie achtsamer mit sich selbst umgehen und ein aufmerksamerer Zuhörer sind. Sie werden auch schnell feststellen, dass es gar nicht notwendig ist, die Ansicht eines anderen niederzumachen, um die eigene Meinung bestehen zu lassen. Zumal zwei Sichtweisen oft eher und leichter zu einem gemeinsamen, höheren Ziel führen als eine.

Die Indianer, bei denen ich ein Jahr lebte, kennen aber nicht. Sie kennen nur das »auch«. Bei ihnen lernte ich, wer aber glaubt und sagt, will etwas oder jemanden besiegen. Wer »auch« glaubt und sagt, will (dazu-)gewinnen.

# 2 ÄRGER

*»Ich ärgere mich maßlos.«*


Jeder, der sich ärgert, denkt oder sagt es klar und deutlich: »Ich ärgere mich.« Doch kaum einer hört, dass er die Wahrheit spricht, wenn er sagt: *»Ich ärgere mich«*, weil jeder, der sich ärgert, das Empfinden hat, geärgert zu werden. Dass also nicht er, sondern jemand anderer für den Ärger, den er spürt, verantwortlich ist. Doch der Dritte, der da im Spiel ist, befindet sich nicht außerhalb von uns. Er ist Teil von uns. Denn jedes Mal, wenn wir uns ärgern, überhören und übergehen wir unbewusst einen Teil unserer selbst. Was automatisch dazu führt, dass wir das Gefühl haben, übergangen, überhört und geärgert zu werden, sobald wir uns selbst ärgern.

Das Empfinden, geärgert zu werden, kommt also nicht von außen, sondern von innen. Ursache unseres Ärgers ist nicht das äußere Geschehen. Ursache unseres Ärgers ist das innere Geschehen, das durch äußere Anlässe ausgelöst wird. Der Auslöser für Ärger kann jeder und alles sein. Doch der Ursprung des Ärgers, den wir empfinden, liegt niemals in dem Anlass oder dem Menschen, den wir dafür verantwortlich machen. Der Ursprung unseres Ärgers liegt immer in uns selbst.

Dass wir trotzdem äußere Umstände zum Sündenbock machen, liegt daran, dass wir zwar den Wecker hören, wenn wir uns ärgern, jedoch nicht wirklich aufwachen. Wir hören uns sagen: »*Ich ärgere mich* ...«, ohne uns wirklich bewusst zu machen, was wir sagen, weil wir augenblicklich das Empfinden haben, geärgert zu werden. Da uns nicht bewusst ist, dass wir selbst es sind, der uns ärgert, ist es nur logisch, dass wir in Windeseile jemanden oder etwas finden müssen, den oder das wir für unseren Ärger verantwortlich machen können, damit das, was wir empfinden, auch Sinn macht. Und was liegt näher, als die Verantwortung dafür dem zu geben, der den inneren Teufelskreis ausgelöst hat: »Ich ärgere mich, dass du ...«

Egal, womit wir unseren Ärger vor uns selbst oder anderen begründen – was wir in Momenten, in denen wir uns ärgern, spüren, ist nicht das, was man uns gerade antut. Es ist das, was wir uns gerade selbst antun oder bereits angetan haben. Denn ob wir uns ärgern oder nicht, hängt nicht vom Verhalten anderer ab, sondern davon, wie wir uns in solchen Momenten uns selbst gegenüber verhalten.

Und das wiederum ist zu einem großen Teil davon abhängig, wie sehr und wie oft wir uns bereits unbewusst verärgert haben; wie viel Ärger wir also bereits in uns tragen, bevor das, was ihn auslöst, geschieht. Denn die Hauptursache von Ärger ist der Ärger, den wir unbewusst in uns angesammelt haben.

Ärger ist ein Sammelsurium unterdrückter Gefühle und unbefriedigter Bedürfnisse, und zwar jeder Art. Dazu gehört nicht ausgedrückte Freude genauso wie geschluckte Wut oder zu wenig Schlaf. Unterdrückte Empfindungen sind wie Tortenstücke, die man zu lange aufbewahrt. Wenn man sie nicht isst, solange sie frisch sind, verändern sie sich. Sie vergammeln, faulen und verschimmeln.

Das Gleiche geschieht mit nicht gelebten Gefühlen und Bedürfnissen. Empfindungen, die wir überhören, unterdrücken oder beiseite schieben, lösen sich nicht auf. Sie sammeln sich in uns an, gären dort und verwandeln sich in Ärger, Frust und Aggression. Und zwar so lange, bis das giftige Zeug entweder implodiert und uns krank macht. Oder bis wir, meist ohne jede Vorwarnung, explodieren, weil sich zu viel Unterdrücktes in uns angesammelt hat. Das, was die Bombe zum Platzen bringt und wir normalerweise für unseren Ärger verantwortlich machen, ist lediglich der Auslöser, das, was die Bombe zündet. Was uns zerreißt und anderen um

die Ohren fliegt, wenn wir explodieren, ist der Inhalt, der in der Bombe war. Eine Bombe, in der
kein Zündstoff ist, kann nicht explodieren, egal,
wer oder was sie zündet.

Um uns ärgern zu können, müssen wir uns selbst
Ärger machen oder gemacht haben. Denn Ärger ist
kein ursprüngliches, natürliches Gefühl. Es ist das,
was aus natürlichen Gefühlen wird, wenn wir sie
runterschlucken und mit uns herumtragen, bis sie
uns als Ärger hochkommen. Wer sich ärgert, ärgert sich nicht, wie er glaubt, über das, was seinen
Ärger hervorruft. Er nimmt es unbewusst nur zum
Anlass, um ein überhörtes Gefühl, nicht befriedigte
Bedürfnisse oder irgendeinen anderen selbst fabri-
zierten Frust loszuwerden.

Entscheidend, ob wir uns ärgern oder nicht, ist,
wie achtsam und verantwortungsbewusst wir mit
uns selbst umgehen. Je weniger wir uns unbewusst ärgern, indem wir uns unbewusst übergehen, umso seltener werden wir bewusst Ärger
empfinden. Uns zu ärgern gelingt uns am besten, wenn wir uns selbst gegenüber eine negative
Einstellung haben; wenn wir unbewusst unzu-
frieden mit uns sind oder, bedingt durch unser
eigenes unbewusstes Verhalten, uns unbefriedigt
fühlen.

Wer sich ärgert, will sich ärgern, ob er sich nun dessen bewusst ist oder nicht. Und wer sich ärgern will,

findet immer und überall einen Anlass, es zu tun. Wer sich nicht ärgern will, wird sich auch ärgern, weil er sich gegen das, was von außen auf ihn zukommt, wappnet und sich nicht vor dem, was er sich unbewusst selbst antut, schützt. Ärger ist ein autoaggressiver Akt, in dem wir selbst der Täter sind, der uns zum Opfer macht. Nur wer sich selbst nicht ärgert, ärgert sich nicht. Einen anderen Weg, Ärger zu verhindern, gibt es nicht.

Wie wir eine prekäre Situation erleben und auf sie reagieren, hängt nicht von der Situation ab, sondern davon, wie wir sie unbewusst interpretieren. Und das wiederum ist abhängig von unserer Einstellung uns selbst gegenüber. Von dem jeweiligen inneren Zustand, in dem wir uns gerade befinden. In uns wird entschieden, ob, wann, wie lange und worüber wir uns ärgern. Unbewusst wählen wir nicht nur den Anlass, sondern auch den Zeitpunkt selbst. Der Beweis dafür ist: Was uns heute kalt lässt, kann uns morgen zum Kochen bringen. Oder umgekehrt: Etwas, was uns heute das Gesicht verzerrt, kann uns morgen nur ein müdes Lächeln abgewinnen. Was uns bei dem einen auf die Palme bringt, bemerken wir beim anderen nicht einmal. Und was andere ärgert, ärgert uns überhaupt nicht. Doch solange uns nicht bewusst ist, dass sowohl der Ursprung unseres Ärgers als auch die Entscheidung, uns zu ärgern, bei uns selbst liegt, werden wir uns den Möglichkeiten, Ärger zu empfinden, wahl- und hilflos ausgeliefert fühlen.

Dass etwas schief geht, können wir oft nicht verhindern. Wählen, wie wir in einer solchen Situation mit uns selbst umgehen, können wir immer: Wir können uns entweder ärgern und dann auch noch ärgern, dass wir uns ärgern. Oder wir können das tun, was notwendig ist, damit sich unser Ärger auflöst oder gar nicht erst entsteht.

Sobald Sie sich für Letzteres entscheiden, werden Sie nicht mehr Opfer Ihres Ärgers sein, sondern Herr Ihres Ärgers werden. Was nicht heißen soll, dass Sie versuchen sollten, ihn zu beherrschen. Herr Ihres Ärgers werden Sie, indem Sie die drei nun folgenden Schritte beherzigen.

Der erste Schritt

Ärgern Sie sich – nur mit einem kleinen Unterschied: Halten Sie mittendrin inne und machen Sie sich bewusst, dass Sie sich selbst ärgern. Dieses Bewusstsein ist unumgänglich. Denn solange Sie den Ursprung Ihres Ärgers woanders wähnen, haben Sie keinen Einfluss auf ihn; werden ihn weder verhindern, noch sich selbst davor schützen können. Wirklich verändern können Sie in Ihrem Leben nur das, was Sie selbst ändern.

Machen Sie sich darauf gefasst, dass es am Anfang nicht leicht sein wird, das Bewusstsein herzustellen, dass *Sie* sich ärgern. In manchen Situationen wird es Ihnen nicht nur lästig, sondern auch unglaubwürdig erscheinen, selbst und ganz allein der Ursprung Ihres Ärgers zu sein. Allerdings nur, solange Sie das Bewusstsein, sich selbst zu ärgern, noch nicht ganz eingegangen sind. Tatsächlich in diesem Bewusstsein sind Sie erst nach dem zweiten Schritt: Wenn Ihnen bewusst ist, wie und womit Sie sich ärgern. Allein die Tatsache, *dass* Sie sich ärgern und dass *Sie* sich ärgern, reicht anfangs nicht aus, um damit aufhören zu können.

Der zweite Schritt

Halten Sie sich nicht mehr damit auf, sich und anderen zu erklären, warum und worüber Sie sich ärgern. Finden Sie stattdessen heraus, wie und womit Sie das fertig bringen. Gehen Sie davon aus, dass Ärger immer von einer negativen, unbewusst gegen sich selbst oder andere gerichteten Interpretation des Geschehens eingeläutet wird. Beginnen Sie also mit der Frage: Was unterstelle ich gerade dem anderen oder was denke ich unbewusst über mich, damit ich mich jetzt ärgern kann? Möglicherweise wird die Antwort Ihnen bereits eine völlig neue Perspektive eröffnen, mit sich selbst und der Situation umzugehen.

Da der eigentliche Grund von Ärger meistens tiefer sitzt oder weiter zurückliegt, sollten Sie jede Gelegenheit nutzen, herauszufinden, was die wahre Ursache Ihres Ärgers ist. Was haben Sie übersehen oder versäumt zu tun, was Sie jetzt ärgert? Würden Sie sich jetzt auch ärgern, wenn Sie das Versäumte zum richtigen Zeitpunkt getan hätten? Welchen Teil Ihrer Verantwortung für das Geschehen haben Sie bis jetzt unbewusst außer Acht gelassen? Was müssten Sie weiterhin tun, um weiterhin Ärger empfinden zu können? Oder anders gefragt: Womit müssten Sie auf der Stelle aufhören, damit sich Ihr Ärger auf der Stelle auflöst?

Sobald Sie sich diese Fragen aufrichtig beantwortet haben, werden Sie sich nicht mehr verärgert, sondern verantwortlich fühlen und Schwierigkeiten haben, sich weiterhin zu ärgern, indem Sie anderen die Verantwortung in die Schuhe schieben. Denn wenn Sie den wahren Ursprung Ihres Ärgers kennen, können Sie ihn auch auflösen und den dafür notwendigen letzten Schritt gehen.

Der dritte Schritt
Hören Sie einfach sofort auf damit, das zu tun, was Sie unbewusst tun mussten, um sich zu ärgern,

und erleben Sie, wie Ihr Ärger verschwindet. Sobald Sie das ein paar Mal am eigenen Leibe erfahren haben, werden Sie in den meisten Fällen nur noch das Bewusstsein zu erneuern brauchen, dass *Sie* sich ärgern, um sofort damit aufhören zu können. In den meisten Fällen. Denn immer wird es Ihnen nicht gelingen, weil es hin und wieder einfach Spaß macht, sich zu ärgern. Zum Glück kann Ihnen niemand diesen Spaß verderben. Schließlich ist es Ihre Entscheidung, wie Sie mit sich selbst umgehen. Tun Sie sich also keinen Zwang an. Ärgern Sie sich, wenn Ihnen danach zumute ist. Und genießen Sie das Bewusstsein, es selbst in der Hand zu haben, wann Sie damit aufhören.

Das Recht, sich zu ärgern, haben Sie. Doch wann immer Sie glauben, sich zu Recht zu ärgern, täuschen Sie sich, weil Ihnen in solchen Momenten nicht bewusst ist, was Sie mit sich selbst anstellen.

Wenn Sie wissen, dass Sie sich selbst ärgern und es Ihnen trotz allem nicht so recht gelingen mag, Ihren Ärger zu beenden, obwohl Sie es wollen, verärgern Sie sich wahrscheinlich zu häufig, ohne es zu merken. Dann sollten Sie öfter und bewusster auf Ihre wahren Gefühle und eigenen Bedürfnisse achten; sie nicht überhören oder unterdrücken, sondern zu ihnen stehen und sie leben. Wenn Sie das machen, ohne es auf Kosten anderer zu tun, werden Sie nicht nur immer weniger, sondern auch immer seltener Ärger haben, weil Sie sich nicht mehr mit geschluckten Empfindungen herumschlagen müssen, die sich in Ärger verwandeln, der Sie auffrisst.

Noch ein kleiner Tipp
Wenn Sie den Ärger, den Sie schon ewig mit sich herumschleppen oder unbewusst täglich ansammeln, loswerden möchten, ohne sich ärgern zu müssen, dann sollten Sie öfter mal die Speisekammer öffnen und die alten Tortenstücke herausschmeißen (statt sie ewig wiederzukäuen oder sie anderen zu servieren): Knien Sie sich einmal pro Woche oder einmal im Monat, je nach Bedarf, vor einen Berg aus Kissen und schlagen Sie, so kräftig Sie können, hinein. Oder setzen Sie sich in Ihr Auto und brüllen Sie das alte Zeug heraus.
Wenn Sie sich für die Kissenvariante entscheiden, nehmen Sie vorher Ihre Ringe, die Uhr und Armbänder ab. Achten Sie trotz der Rage, die Sie sich in jedem Fall genehmigen sollten, darauf, dass Sie sich auf keinen Fall verletzen. Stellen Sie vorher sicher, dass Sie genug Bewegungsfreiheit haben und dass der Kissenberg hoch genug ist, um Ihre Schläge weich abzufangen. Hören Sie nicht auf, wenn echte Gefühle hochkommen. Dass sie hochkommen, ist ja der Sinn der Sache. Es sind Gefühle,

die Sie irgendwann geschluckt oder wegrationalisiert haben. Schlucken Sie sie kein zweites Mal. Denken Sie auch nicht darüber nach. Gehen Sie mitten hinein in das Gefühl und lassen Sie ihm freien Lauf, damit es sich auflösen kann.

Wenn Sie die Autovariante wählen, fahren Sie an einen ruhigen Platz. Stellen Sie den Motor ab, ziehen Sie die Handbremse an. Schließen Sie die Fenster und schreien Sie, so laut und so kräftig Sie können. Um Heiserkeit zu vermeiden, lassen Sie Ihr Geschrei möglichst nicht aus dem Hals, sondern vom Bauch her kommen. Überlegen Sie sich keinen Text. Brüllen Sie einfach drauflos. Das richtige Wort für das Gefühl, das herauswill, kommt meist von ganz allein, zum Beispiel: »Scheiße!« Oder: »Nein!« Machen Sie Ihrem Gefühl so lange Luft, bis es verflogen ist. Und wundern Sie sich nicht, wenn man Sie danach auf Ihre sexy Stimme oder gelassene Stimmung anspricht. Was natürlich keiner macht, nachdem Sie ihn gerade verärgert angekeift haben. Wenn Sie die entsprechenden Räumlichkeiten haben, können Sie selbstverständlich beide Varianten kombinieren und schreiend in die Kissen schlagen. Viel Spaß.

# 3 ENTSCHEIDUNGEN

*»Ich kann mich einfach*
*nicht entscheiden.«*

Kennen Sie Situationen wie diese: Ein guter Freund, der am nächsten Tag verreist, ruft an und lädt Sie zum Essen ein. Sie sind an demselben Abend jedoch schon mit einer Freundin verabredet, um mit ihr ins Kino zu gehen. Der Film, den Sie unbedingt sehen möchten, läuft zum letzten Mal. Eben noch guter Dinge, sind Sie plötzlich hin- und hergerissen. Für wen oder was sollen Sie sich entscheiden? Überlegungen, Abwägungen, Sorgen, Unsicherheit, Zweifel und innere Stress-lass-nach-Hilfeschreie stürzen auf Sie ein. Es allen recht zu machen scheint ein Ding der Unmöglichkeit. Denn wie Sie es auch drehen oder wenden, eines wissen Sie schon im Vorhinein: Egal, wem Sie zu- oder absagen, das schlechte Gewissen, es irgendjemand nicht recht gemacht zu haben, wartet bereits.

Wann immer Sie in diesem Gefühl landen, können Sie sicher sein, sich nicht richtig entschieden zu haben. Denn für wen Sie sich auch entscheiden, einem werden Sie bei den meisten Entscheidungen tatsächlich nicht gerecht: sich selbst. Sie sind es, dem gegenüber Sie, vielleicht ohne sich dessen bewusst zu sein, ein schlechtes Gewissen haben. Das muss nicht heißen, dass Ihre Entscheidung falsch war.

Es gibt weder falsche noch richtige Entscheidungen. Es gibt lediglich eine falsche und eine richtige Art, Entscheidungen zu treffen.

Ein schlechtes Gewissen oder Zweifel, die Sie nach einer Entscheidung plagen, sind ein sicheres Zeichen dafür, dass Sie zwar möglicherweise die richtige Wahl getroffen, sich selbst jedoch nicht berücksichtigt haben. Was manchmal sehr unangenehme Folgen hat. Denn wann immer Sie sich für jemand oder etwas entscheiden, entscheiden Sie unbewusst unweigerlich gegen sich selbst.

Selbst wenn Sie sich für sich entscheiden, entscheiden Sie sich nicht unbedingt richtig, wie das schlechte Gewissen, das Sie dabei oft haben, beweist. Nicht nur, weil Sie in diesen Fällen unbewusst meist gegen jemand anderen entscheiden, sondern vor allem, weil für sich zu entscheiden nicht automatisch sich selbst entschieden zu haben heißt.

*Jede* Entscheidung, die Sie für oder gegen sich oder eine andere Person oder Sache fällen, wird in Ihnen das unsichere Gefühl hinterlassen, möglicherweise eine falsche Entscheidung getroffen zu haben. Das Gefühl ist völlig berechtigt, nur seine Deutung ist verkehrt. Es geht nicht um richtig oder falsch, sondern darum, ob überhaupt eine wirkliche Entscheidung stattgefunden hat. Denn nicht erst die Folgen, die sich als gut oder schlecht erweisen, bestimmen das Empfinden der Richtigkeit Ihrer Wahl. Die Frage ist, ob Sie tatsächlich eine Ent-Scheidung mit sich selbst vorgenommen haben.

Der einzige Weg zu einer wirklichen Entscheidung zu kommen ist, die eigene Ent-Scheidung auch wirklich zu vollziehen. Also nicht ins Schwarze der Zukunft, ins Schwarze eines anderen oder einer Sache zu zielen, sondern den eigenen Mittelpunkt zu treffen – und sich aus dem von sich selbst geschiedenen Zustand zu erlösen.

Um das besser zu verstehen, hilft es, einmal das Wort Entscheidung etwas genauer unter die Lupe zu nehmen: Entscheidung setzt sich aus »Ent-« und »Scheidung« zusammen.

»Ent-« steht für beenden, erlösen.

»Scheidung« bedeutet Trennung.

Sich ent-scheiden bedeutet also, den inneren Zustand des Getrenntseins von sich selbst zu beenden.

Eine solche Trennung vollzieht sich unbewusst, sobald ein Teil von uns durch eine innere oder äußere Veränderung eine Entwicklungschance für sich sieht. Wenn er bereit ist, diese Möglichkeit in Erwägung zu ziehen und sich auf das Neue einzulassen, stimmt dieser Teil plötzlich nicht mehr mit unserem bisherigen Sein überein. Eben noch eins mit uns, löst er sich aus dem unbewussten Einklang, um uns bewusst zu machen, dass wir uns nicht mehr im Ein-Verständnis mit uns selbst befinden. Und dass es deshalb notwendig ist, eine neue innere Ordnung herzustellen, um diesen Teil aus dem Getrenntsein von unserem Selbst zu erlösen.

Zu dem Stuhl, auf dem Sie eben noch unbewusst und bequem saßen, ist ein weiterer hinzugekommen, sodass Sie sich innerlich vorübergehend zwischen zwei Stühlen befinden. Dieser unentschiedene Zustand will Sie dazu bewegen, Ihr Bewusstsein für sich zu erneuern und herauszufinden, was nicht oder nicht mehr oder noch nicht mit Ihrem wahren momentanen Sein übereinstimmt.

Das auf diese Weise geweckte Bewusstsein hilft Ihnen, sich bewusst zu machen, welche Verhaltens- oder Handlungsweise Sie von Ihrem entwicklungsbereiten Selbst trennt oder trennen würde und diese Trennung aufzuheben, indem Sie sich auf den Stuhl setzen, auf dem Sie sich wieder in Einklang mit sich selbst fühlen.

Sich »richtig« zu entscheiden heißt also, wieder eins zu werden mit sich, indem Sie eine Ent-Scheidung treffen. Eine Ent-Scheidung, die den Teil, der sich in Scheidung mit Ihnen befindet, neu integriert. Und Sie somit wieder in ein aktualisiertes Einverständnis mit Ihrem Selbst bringt.

Sobald Sie eine Entscheidung bewusst als Ent-Scheidung Ihrer selbst verstehen und danach handeln, erlösen Sie sich aus dem unbewussten Getrenntsein von sich. Was zur Folge haben wird, dass Sie sich bereits vor dem Geschehen in dem Gefühl wiederfinden werden, sich richtig entschieden zu haben – und nicht erst das Ergebnis abwarten müssen.

Was Entscheidungen so schwer oder falsch oder manchmal, wie es scheint, gar unmöglich macht, ist die Tatsache, dass wir dabei fast immer in die falsche Richtung schauen. Nämlich in die Zukunft und in die Vergangenheit, statt in die Gegenwart, und vor allem nach außen, statt nach innen. Deshalb achten wir nur darauf, was es zu entscheiden gibt und nicht wen.

In den meisten Entscheidungsfindungs-Prozessen sind wir so sehr damit beschäftigt, zu überlegen und vorherzusehen, welche Folgen und Konsequenzen eine Entscheidung auf unsere Zukunft oder auf andere Menschen gesehen haben könnte, dass wir den übersehen, überhören und übergehen, den es zu ent-scheiden gilt: den vorübergehend von sich selbst Geschiedenen, uns selbst.

Zwar können Sie weder im Außen noch im Innen vorhersehen, was eine Entscheidung wirklich
bringt. Sie können jedoch sicher sein: Wenn Sie
immer das wählen, was in Ihnen im Moment am
meisten in Einklang mit Ihnen ist, und dementspre-
chend handeln, werden auch die Folgen im Einklang mit Ihnen sein – selbst wenn das nicht immer
sofort erkennbar ist.

An dieser Stelle scheint es angebracht zu erwäh-
nen, dass sowohl Ihr Unterbewusstsein als auch Ihr
Höheres Bewusstsein immer und ausschließlich
auf Ihrer Seite stehen und genau wissen, was das
Richtige für Sie und Ihre Entwicklung ist.

Dass wir das Ergebnis unserer Entscheidungen nicht
immer als das Beste für uns empfinden, hat seine Ursache hauptsächlich darin, dass wir entweder, ohne
uns dessen bewusst zu sein, gar keine echte Ent-
Scheidung getroffen haben oder uns nur von unserem Verstand haben beraten und leiten lassen. Was
zur Folge hat, dass nicht das Selbst sich vervollstän-
digt, sondern sich die Folgen verselbstständigen.

Der Verstand, der lediglich Speicher von Erlerntem
und alten Erfahrungen ist, kann keinen Einklang mit
dem Selbst herstellen, weil er sich ausschließlich auf
Vergangenheit oder Zukunft bezieht. Um Einigkeit
mit sich selbst zu erzielen, bedarf es des Bewusstseins, das unser gegenwärtiges Sein wahrnimmt.
Denn das Ziel einer Ent-Scheidung liegt nicht in der

Zukunft. Es ruht in uns, bis wir es mit einer Ent-Scheidung treffen und damit zum Leben erwecken.

Wer nur mit dem Verstand entscheidet, trifft keine
Entscheidungen, er fällt sie. Er lässt die Gelegenheit, sich vor dem Handeln mit seinem Selbst in
aktuellen Einklang zu bringen, fallen.

Und das hinterlässt ein schlechtes Gewissen. Unserem Selbst entsprechende Ziele können wir nur
erreichen, wenn wir unser gesamtes Sein in die
Zielfindung mit einbeziehen. Also nicht nur unseren Kopf, sondern auch unser Bewusstsein, unsere
körperliche und emotionale Intelligenz an der Ent-
Scheidung teilhaben lassen.

Wann immer Sie eine Entscheidung zu treffen haben
oder treffen wollen, versteifen Sie sich nicht darauf,
dass es nur eine oder keine Lösung gibt. Sich zwischen einer Möglichkeit zu entscheiden, ist unmöglich. Es gibt immer mindestens zwei Möglichkeiten.

Machen Sie sich also erst einmal bewusst, welche
die zweite realistische Entscheidungsmöglichkeit
wäre, und fühlen Sie, welche von beiden Ihrem gegenwärtigen Sein mehr entsprechen würde. Wenn
Sie dafür nicht nur Ihren Kopf, sondern auch Ihren
Körper zu Hilfe nehmen, werden Sie schnell feststellen, dass Sie deutlich spüren können, welche

Entscheidung Sie zurzeit am ehesten in ein Ein-Verständnis mit allen Aspekten Ihrer selbst bringt. Manchmal ergibt sich allein aus diesem Erfühlen ein dritter, noch besserer Weg.

Wenn Ihnen das nicht auf Anhieb gelingt oder Sie vor einer wirklich schwierigen Entscheidung stehen, stellen Sie für jede Möglichkeit einen Stuhl auf, den einen rechts, den anderen links von Ihnen. Entscheiden Sie intuitiv, welcher Stuhl für die eine und welcher Stuhl für die andere Möglichkeit steht. Kümmern Sie sich nicht so sehr darum, was Ihr Verstand dazu sagt. Nutzen Sie ihn lieber, sich daran zu erinnern, dass Sie noch andere Wahrnehmungsquellen haben und bleiben Sie in Kontakt mit diesen.

*Spüren* Sie, zu welchem Stuhl es Sie körperlich mehr hinzieht, und setzen Sie sich auf diesen. Fühlen Sie sich auf diesem Stuhl wohl und handlungsfähig, können Sie getrost die seinem Inhalt entsprechenden ersten Schritte unternehmen.

Ist Ihnen der Stuhl, auf dem Sie nun sitzen, (noch) zu riskant, um entsprechend zu handeln, wissen Sie jetzt bewusster und entschiedener als zuvor, dass diese Möglichkeit im Moment (noch) nicht Ihrem wahren Sein entspricht. Und dass es im Augenblick besser ist, den anderen Stuhl zu wählen. Nehmen Sie darauf Platz und machen Sie sich bewusst, ob Sie damit Ihre Ent-Scheidung getroffen haben. Wenn ja, handeln Sie danach.

Sollte Ihnen jetzt oder schon auf dem ersten Stuhl eine dritte Möglichkeit eingefallen sein, die Ihnen Ihre Ent-Scheidung erleichtern könnte, stellen Sie für diese einen neuen Stuhl auf. Begeben Sie sich nun zwischen den neuen Stuhl und den, auf dem Ihnen die neue Möglichkeit einfiel. Spüren Sie, zu welchem dieser beiden Stühle es Sie körperlich mehr hinzieht. Setzen Sie sich auf diesen und machen Sie sich diese neue Entscheidungsmöglichkeit physisch bewusst.

Vielleicht können Sie schon jetzt erkennen, dass es bei Entscheidungen nicht um die richtige oder falsche, sondern einzig und allein um Ent-Scheidung geht. Und dass jede bewusste Ent-Scheidung Sie ein Stück mehr in Kontakt mit sich selbst bringt. Wundern Sie sich also nicht, wenn bis zur endgültigen Ent-Scheidung oft mehrere Schritte (Stühle) nötig sind. Sie werden fühlen, wann Sie ent-schieden sind.

Folgen Sie einfach Ihrem Empfinden, bis Sie auf dem Stuhl sitzen, auf dem Sie die Kraft, Neugier oder Lust und die Fähigkeit verspüren, in die Richtung zu gehen, die er repräsentiert. Diese Gefühle sind ein sicheres Zeichen dafür, dass diese Entscheidung Sie wieder in Einklang mit sich bringt.

Wenn Sie vor der Wahl zwischen etwas ganz Neuem und dem Alten stehen und es Sie, um sich handlungsfähig zu fühlen, auf den Stuhl des Gewohnten zieht, sollten Sie – solange das der Fall ist – das Vertraute wählen. Denn richtig ist, sich bewusst zu machen, welche Möglichkeit Ihrem gesamten Befinden – und nicht nur Ihrem Verstand – im Moment am meisten entspricht. Entscheidend ist: Sich nicht mehr gegen oder für sich, andere oder etwas zu entscheiden, sondern mit sich eine Ent-Scheidung vorzunehmen, und sei sie auch nur vorübergehend.

Sich zwischen den Stühlen hängen zu lassen und irgendeine Entscheidung zu fällen, ist ein ebenso falscher Weg, wie sich zwischen zwei Stühlen zu überlegen, welche der beiden Möglichkeiten auf die Zukunft und Dauer gesehen die richtige ist. Keiner der Stühle ist mit Klebstoff bestrichen. Sie müssen sich also nicht in zwei Tagen, drei Monaten oder fünf Jahren noch wohl mit Ihrer Entscheidung fühlen. Schließlich haben Sie das Recht, sich jederzeit weiterzuentwickeln und neue Ent-Scheidungen zu treffen, wenn Ihnen bewusst wird, dass die alten nicht mehr mit Ihnen übereinstimmen.

Entscheidungen, die Sie anderen überlassen, weil Sie sich »im Moment wirklich nicht entscheiden können«, lösen die unbewusste Unentschiedenheit, in der Sie sich mit sich selbst befinden, nicht auf. Sie können daher höchstens immer nur einen Teil von Ihnen befriedigen – was die innere Trennung nur noch vertieft. Bewusst wird die so aufrechterhaltene Scheidung von sich selbst meist erst am Ende des Geschehens. Wenn im Rückblick nicht mehr zu übersehen ist, dass das Ergebnis nicht wirklich befriedigend war. Doch die Frustration, die Sie dann spüren, entspringt nicht, wie Sie nun meinen, dem Erlebten, sondern dem Teil, der bis zum Schluss unbefriedigt geblieben ist.

Nicht die Entscheidungen, die wir treffen, sondern die Ent-Scheidungen, die wir unbewusst versäumen vorzunehmen, sind es, die Frust und Ärger in uns erzeugen, weil wir uns auf diese Weise immer wieder selbst übergehen. Ein Grund dafür ist, dass es uns sicherer erscheint, mit anderen übereinzustimmen, als uns mit uns selbst in Einklang zu bringen. Doch sicherer oder friedvoller werden wir und unsere Beziehungen dadurch nicht. Denn solange in uns selbst Unstimmigkeit herrscht, werden wir diese Unstimmigkeit früher oder später auch mit anderen erleben.

Wenn Sie jemand fragt, ob Sie lieber Kaffee oder Tee möchten, und Sie meinen, es sei Ihnen egal, irren Sie sich. Egal ist Ihnen nur etwas, wenn Sie sich selbst egal sind. Ihrem Selbst ist nichts egal. Es weiß immer, was das Beste für Sie ist. Sie brauchen es nur zu fragen. Und wenn seine Antwort lautet: »Am liebsten hätte ich einen Saft«, dann sollten Sie auch den Mut haben, zu sich zu stehen. Wenn kein Saft da ist und Sie sich mithilfe dieser Information, die Sie vorher nicht hatten, neu ent-scheiden, wird es Sie im ersten Moment vielleicht überraschen, dass Sie dann lieber Mineralwasser möchten. Doch spätestens beim ersten Schluck werden Sie spüren, dass Sie den Teil, der weder Kaffee noch Tee wollte, verstanden und mit der entsprechenden Ent-Scheidung wieder integriert haben.

Wenn Sie dagegen die Entscheidung dem anderen überlassen und er Ihnen, gut gemeint, Kaffee serviert, ist der Ärger mit ihm vorprogrammiert. Denn unbewusst fühlt sich schon jetzt ein Teil von Ihnen nicht richtig verstanden. Da Sie jedoch nicht ahnen, dass Sie dieses Gefühl selbst verursacht haben, werden Sie, um es loszuwerden, unbewusst einen Anlass suchen, dem anderen früher oder später vorwerfen zu können, dass er Sie nicht versteht. Was Sie nicht von dem eigentlichen Gefühl erlöst. Denn selbst wenn Sie eine Gelegenheit finden, den anderen dafür verantwortlich zu machen, wird aus dem Kaffee kein Mineralwasser.

Entscheidungen anderen zu überlassen oder sie von anderen abhängig zu machen, bringt Sie also nicht wirklich in Übereinstimmung mit ihnen. Und erst recht nicht mit Ihnen. Und weil kein anderer eine wirkliche Ent-Scheidung für Sie übernehmen kann, können auch Sie keine wahre Ent-Scheidung

für andere treffen. Nett gemeint, jedoch unbrauch-
bar ist deshalb auch der Versuch, Ihre Entscheidung in der Überlegung zu suchen, ob Sie nun
Ihren Freund, der mit Ihnen essen gehen will, oder
Ihre Kinofreundin zufrieden stellen sollen. Denn
möglicherweise machen Sie es auf diese Weise
keinem recht.

Dagegen entscheiden Sie – wenn Sie die Ent-
Scheidung treffen, die mit Ihrem gegenwärtigen
Selbst am meisten übereinstimmt und danach handeln – mit Sicherheit richtig. Denn Sie sind der einzige Mensch, dem Sie es garantiert recht machen
können, indem Sie Ihrem momentanen Empfinden
und Befinden bewusst entsprechen. Je öfter Sie
das tun, umso seltener werden Sie nach Ent-Scheidungen Zweifel plagen. Umso seltener werden Sie
dann auch ein schlechtes Gewissen haben oder
sich selbst unbefriedigt fühlen. Denn eigene Ent-
Scheidungen zu treffen und authentisch zu sein,
bedeutet keineswegs, stur seinen eigenen Kopf
durchzusetzen, sondern lediglich, sich selbst bewusst in den nächsten Schritt mitzunehmen.

Zwei Eheleute kamen zu mir, weil sie eine gemeinsame Therapie machen wollte. Während des Erst-
gesprächs wurde offensichtlich, dass es in ihrem
Fall angebrachter wäre, wenn jeder erst einmal eine
Einzeltherapie machen würde, um dann gegebe-

nenfalls noch eine gemeinsame Therapiewoche an-
zuschließen. Obwohl beide damit einverstanden
und sich auch darin einig waren, dass das tatsächlich das Beste sei, konnten sie sich einfach nicht
entscheiden, wer von beiden mit einer Therapie
beginnt, weil jeder den anderen unbewusst immer
wieder auf irgendeine Weise in seine Entscheidungs-
findung mit einbezog.

Nachdem ich sie darauf aufmerksam gemacht
hatte, forderte ich sie auf, ohne Rücksicht oder
Befürchtung und völlig unabhängig von den vermeintlichen Bedürfnissen des anderen auf einen
Zettel zu schreiben, mit welcher Entscheidung sie
sich selbst im Moment am wohlsten und am meisten in Einklang fühlen würden und eine kurze Be-
gründung hinzuzufügen.

Auf ihrem Zettel stand: »Ich will anfangen, weil ich
es dringend nötig habe, endlich einmal etwas für
mich zu tun.«

Auf seinem Zettel stand: »Meine Frau soll beginnen, weil ich, ehrlich gesagt, etwas Schiss
habe und mir das eine gewisse Galgenfrist geben
würde.«

Ich erzählte ihnen daraufhin die Geschichte des
Ehepaars, das am Tag seiner Goldenen Hochzeit
am festlich gedeckten Frühstückstisch sitzt. Und
als er das Brötchen für sie beide aufschneidet, fasst
sie sich ein Herz und sagt: »Nur heute, Liebster,

nach fünfzig Jahren, möchte ich zur Feier des Tages einmal, nur einmal die mir eigentlich viel lie-
bere obere Hälfte des Brötchens haben.« Und während sie ihn erwartungsvoll anlächelt, sieht sie, wie
der Unterkiefer ihres Mannes ebenso langsam he-
rabsinkt wie seine Hände, die das Brötchen halten,
in dem noch das Messer steckt. »Liebste mein, soll
das heißen, dass ich all die Jahre umsonst auf meine Lieblingshälfte, die untere, verzichtet habe in der
Annahme, dass diese dir besser schmeckt?«

Die beiden Eheleute, die sich für die Einzelthera-
pien in der Reihenfolge entschieden, die auf ihren
Zetteln stand, stellten nachträglich fest, dass der
eigenen Entscheidung gefolgt zu sein, nicht nur für
sie selbst in jeder Hinsicht richtig, sondern auch für
die Lösung ihrer gemeinsamen Probleme hilfreich
und gut gewesen war.

# 4 FEHLER

*»Den Fehler hätte ich mir
sparen können.«*


Wer kennt sie nicht, die Gefühle, die uns prompt
befallen, wenn wir einen Fehler gemacht haben:
Schuld, Scham, ein schlechtes Gewissen; das Gefühl,
minderwertig zu sein oder versagt zu haben; die
Befürchtung, dumm dazustehen und die Angst, nun
nicht mehr gemocht zu werden? Doch noch viel häufiger als die Ängste danach plagt uns die Angst davor,
Fehler zu machen. Eine Angst, die uns unbewusst
ständig begleitet. Unsere Lebendigkeit bremst, unsere Fähigkeiten unterdrückt, unsere Entwicklung be-
hindert und unsere Spontaneität gefangen hält. Und
das alles nicht etwa, weil wir so furchtbar viel falsch
machen, sondern weil wir keinen Fehler richtig machen, da wir Fehler ausschließlich als etwas falsch
Gemachtes und Unnötiges betrachten.
Obwohl wir alle Fehler machen und jeder weiß, was
Fehler sind, scheint niemandem bewusst zu sein,
was ein »Fehler« wirklich bedeutet und worin der
Sinn und Zweck eines Fehlers liegt. Das ist der

wahre Ursprung unserer Furcht vor ihnen. Denn unser eigentliches Versagen liegt nicht in den Fehlern, die uns unterlaufen, sondern in der Tatsache, dass wir fast jeden Fehler nur halb begehen – weil wir *nach* einem Fehler versäumen, uns das zu geben, was uns *vor* dem Fehler fehlte. Womit wir jedem Fehler, den wir uns zumuten, seinen Sinn nehmen. Weil sein Zweck nur erfüllt wird, wenn wir ihn wirklich zu Ende führen.

Statt der Ursache eines Fehlers auf den Grund zu gehen, um zu erkennen, was uns *fehlte,* begnügen wir uns mit der Erkenntnis, etwas falsch gemacht zu haben, und haken den Fehler, kaum dass wir ihn hinter uns haben, als etwas Ärgerliches, Peinliches oder Unnötiges ab. Es ist, als würden wir ein Spiel kurz vor dem Ziel beenden und uns so um den sicheren und verdienten Gewinn bringen. Die Konsequenz ist, dass wir das Spiel immer wieder von vorn beginnen. Die gleichen Fehler ständig wiederholen, weil uns der Gewinn, die bewusste Erkenntnis, fehlt, derentwegen wir den Fehler unbewusst eingegangen sind.

Was uns Angst macht, sind nicht die Fehler. Was uns Angst macht, ist die völlig verkehrte Einstellung, die wir zu »Fehlern« – dem wohl am häufigsten fehlinterpretierten Begriff, egal in welcher Sprache – haben. Denn statt Fehler als etwas *Fehlendes* zu begreifen, werden sie überall und immer nur als etwas *Falsches* verstanden, als etwas, das »nun wirklich nicht notwendig war«.

Doch nicht notwendig war ein Fehler nicht, weil wir ihn hätten vermeiden können, sondern weil wir es vermieden haben, nach dem Fehler das zu tun, was die Not gewendet hätte, den gleichen Fehler noch einmal zu machen.

Es gibt keinen Fehler, der nicht notwendig ist. Das Not-wendige nicht zu tun, ist der »Fehler«. Denn jeder Fehler beinhaltet eine Information, die wir für unsere Weiterentwicklung brauchen.

Einen Fehler zu machen heißt, eine Erfahrung zu machen, um zu einer Erkenntnis zu gelangen, die uns fehlte.

Statt uns diese Erkenntnis zu geben, die uns weiterbringt, benutzen wir Fehler für das genaue Gegenteil: Um uns niederzumachen und zu beschimpfen: »Ich Idiot!« »So ein Mist ...« Betrachten sie als etwas, das wir nun wirklich nicht gebraucht hätten. Machen uns vor, dass wir vor dem Fehler genauso schlau gewesen waren, wie wir es danach glauben zu sein – nur eben nicht wirklich sind, weil uns in unserem Bewusstsein immer noch etwas fehlt. Und zwar die bewusste Erkenntnis dessen, was uns unbewusst veranlasst hat, den Fehler zu machen.

Und so sind die Gefühle, die wir im Zusammenhang mit Fehlern haben, ebenfalls genau das Gegenteil von denen, die wir aus einer solchen Erfahrung mitnehmen könnten. Denn statt den Mut und die Bereitschaft zu spüren, so viele Fehler zu machen wie möglich – nur möglichst keinen zweimal – plagen uns Angst- und Schuldgefühle.

Was die Angst betrifft, so liegt ihre Ursache nicht, wie wir meinen, darin begründet, wie das Außen auf unsere Fehler reagiert, sondern darin, wie beängstigend wir selbst mit unseren Fehlern umgehen. Und was die Schuldgefühle angeht, so haben auch diese – abgesehen davon, dass es womöglich keine Schuld in dem von uns verstandenen Sinne gibt – ihre Berechtigung. Der Fehler ist nur, dass wir dieses Gefühl mit anderen Menschen in Zusammenhang bringen, weil uns das Bewusstsein fehlt, dass wir uns mit jedem nicht beendeten Fehler selbst etwas schuldig geblieben sind: Die Erkenntnis, die den Fehler tilgt.

Nur wenn wir uns nach einem Fehler tatsächlich bewusst machen, was uns fehlte, um ihn überhaupt gemacht haben zu können, und dieses in unser Bewusstsein aufnehmen, werden wir Fehler als das wahrnehmen und nutzen, was sie in Wahrheit sind: reine Entwicklungshilfen, die im wahrsten Sinne des Wortes not-wendig sind, um uns weiterzuentwickeln.

Sicher kennen Sie den Spruch: »Den Fehler hätte ich mir schenken können.« Sollten Sie ihn auch schon einmal verwendet haben, meinten Sie sicher, dass Sie auf ihn hätten verzichten können. Auf einen Fehler verzichten werden Sie jedoch erst können, wenn Sie ihn sich tatsächlich geschenkt und die in ihm enthaltene Information ausgepackt haben.

Verwirrung, die Sie jetzt vielleicht empfinden, ist die beste Voraussetzung dafür, etwas Neues auszuprobieren. Denn wenn alte Denk- und Verhaltensmuster durcheinander gewirbelt sind, besteht eine gute Chance, diese neu zu ordnen.

Erinnern Sie sich an einen Fehler, den Sie in letzter Zeit gemacht haben. Erinnern Sie sich ruhig auch, wie Sie sich danach über sich geärgert haben oder sich schuldig fühlten. Sich vielleicht, wie so oft schon, vorgenommen haben, diesen Fehler nicht noch einmal zu machen.

Zum Beispiel: Sie wollten etwas tun, hatten kein gutes Gefühl dabei und haben es trotzdem getan. Es ging schief und Sie ärgerten sich: »Verdammt, ich habe es doch gleich gewusst.« Schwören sich, dass Sie *diesen* Fehler nie wieder machen. Doch wie oft haben Sie das schon getan?

Selbst wenn er Ihnen erst einmal unterlaufen ist und Sie an diesen Fehler denken, an was erinnern Sie sich dann? An das, was Ihnen gefehlt hat, oder an das, was Sie falsch gemacht haben? Wenn es Letzteres ist, kann es sicher nichts schaden, Fehler in Zukunft mit dem neuen Bewusstsein zu betrachten: »Einen Fehler zu begehen heißt, eine Erfahrung zu machen, um eine Erkenntnis zu erlangen, die mir fehlte.« Und da Sie besagten Fehler nun schon einmal gemacht haben, fangen Sie am besten gleich damit an:

Sehen Sie Ihren Fehler wirklich ein! Sehen Sie bewusst hinein und fragen Sie sich mit der Bereitschaft, diese Erfahrung nicht umsonst gemacht zu haben und sich nichts schuldig zu bleiben: »Was genau hat mir gefehlt, das mich davor bewahrt hätte, den Fehler zu machen? Was hilft mir, diesen Fehler in Zukunft nicht zu wiederholen?«

Höchstwahrscheinlich wird die erste Antwort zu diesem Beispiel sein: »Ich habe meine innere Stimme überhört.« Oder: »Ich habe nicht wirklich auf meine innere Stimme geachtet.« Das wussten Sie sicher auch schon damals, nachdem sich herausgestellt hatte, dass es ein Fehler war. Doch wozu war dieses Wissen gut – außer zu Selbstvorwürfen? Nur zu wissen, was Sie falsch gemacht haben, hilft Ihnen nicht weiter. Lassen Sie also nicht locker. Fragen Sie so lange nach, bis Ihnen wirklich bewusst ist, was Ihnen gefehlt hat.

Erst die Einsicht, dass Ihnen tatsächlich etwas fehlte, und die Erkenntnis, was Ihnen fehlte, heben den Fehler auf und verwandeln den Vorwurf, etwas falsch gemacht zu haben, in die fehlende Information. Erst wenn die Antwort zum Beispiel lautet: »Ich habe zwar damals die warnende Stimme gehört, nur eben nicht auf sie gehört, nicht danach gehandelt. Jetzt weiß ich, was ich beim nächsten Mal tun werde« – erst dann haben Sie sich das Ihnen Fehlende gegeben und brauchen den Fehler, Ihre innere Stimme zwar zu hören, ohne auf sie zu hören, nicht mehr zu machen. Denn nun, da Sie sich dank des Fehlers bewusst gemacht haben, dass es richtig ist, auf innere Warnsignale zu achten, wissen Sie möglicherweise zum ersten Mal konkret, was Sie in Zukunft in solchen Fällen zu tun haben.

Sie können sicher sein, dass Sie sich ab jetzt nicht mehr so leicht überhören werden. Denn es ist wesentlich aufbauender und ermutigender, eine Erkenntnis mitzunehmen als einen Vorwurf. Es ist auch leichter und hilfreicher, sich an eine Fähigkeit zu erinnern als an einen Mangel.

Vielleicht können Sie auf diese Weise rückblickend wahrnehmen, wie anstelle des bisherigen Ärgers ein ganz neues Verständnis für Ihre damalige Handlung rückt. Vielleicht können Sie auch vorausschauend schon jetzt anstelle der unbewussten Angst vor dem nächsten Fehler, eine gewisse Neugier spüren. Und vielleicht werden Sie eines Tages von sich sagen können:

»Den Fehler brauche ich nicht mehr zu machen. Denn dieser ›Fehler‹ fehlt mir jetzt nicht mehr.«
Oder: »Auch andere machen Fehler, nur – ich habe die größte Erfahrung darin.«

# 5 GEBEN UND NEHMEN

*»Ich mache und tue. Und was
kriege ich dafür?«*

Ein junger Klient konnte einfach nicht verstehen, warum die Frauen, die er anziehend fand, zwar gern die Dienste, Hilfen und Gefälligkeiten, die er ihnen anbot, annahmen, jedoch keinerlei Anstalten machten, ihn näher kennen zu lernen. Er fühlte sich ausgenutzt und verletzt und beendete die Beschreibung einiger seiner bis ins Kleinste vorkalkulierten Verhaltensweisen, mit denen er hoffte, ihr Interesse zu wecken, mit der Bemerkung: »Ich gebe und gebe, wahrscheinlich gebe ich einfach zu viel von mir.«
Ich bat ihn, diesen Satz so oft zu wiederholen, bis sich etwas in seinem Bewusstsein verändert. Etwa nach dem zehnten Mal stutzte er und bemerkte völlig überrascht: »Ich dachte, ich gebe, aber eigentlich will ich was. Ich mache das alles nur, weil ich will, dass sie sich mit mir verabreden.« Und nach einer kurzen Pause fügte er hinzu: »Wahrscheinlich habe ich nicht zu viel, sondern zu wenig gegeben.«

Im Laufe der nächsten Sitzungen zeigte sich, dass seine spontane Vermutung, zu wenig gegeben zu haben, zutreffend war. Nur in anderer Weise, als er vermutet hatte. Nicht für die Frauen, sondern für sich selbst hatte er zu wenig getan. Seine buchhalterischen Berechnungen von Geben und Nehmen waren nicht aufgegangen, weil auch die ausgefeilteste Taktik nicht ersetzen kann, was wir uns selbst vorenthalten.

Nachdem ihm das klar geworden war, gab er sich bei nächster Gelegenheit, was er sich selbst schuldig geblieben war. Offen und ohne Drumrum stand er zu dem Teil von sich, der etwas wollte und der es auch bekam: eine Verabredung mit einer der jungen Frauen, die den ihr Gebenden mehrmals zu Recht hatte abblitzen lassen. Denn solange wir uns nicht selbst die Aufmerksamkeit und Zuwendung geben, die wir brauchen, um unsere eigenen Bedürfnisse wahrzunehmen und entsprechend zu handeln, steckt hinter allem, was wir für andere tun, nichts anderes als die unbewusste Erwartung, dass andere für uns tun, was wir nicht bereit sind, für uns selbst zu tun: uns zu geben, was wir brauchen.

Was wir brauchen, ist nicht das, was wir von anderen wollen oder von ihnen zu brauchen glauben. Was wir brauchen, können wir uns nur selbst geben, um von anderen zu bekommen, was wir wol-

len. Andere können zwar unsere Wünsche erfüllen. Doch ohne unsere Hilfe unsere Bedürfnisse
befriedigen können sie nur zufällig oder vorübergehend. Denn kein anderer Mensch, auch nicht
der aufmerksamste, kann unsere eigene Wahrnehmung ersetzen. Deshalb wird es Zeit, sich endlich
das Bewusstsein wiederzugeben: Ich bin für mich
der wichtigste Mensch in meinem Leben.

Zu glauben, alles tun zu müssen, um von *anderen*
wahrgenommen, akzeptiert, gemocht oder geliebt
zu werden, ist ein Irrtum, den wir seit unserer Kindheit mit uns herumtragen, weil wir unbewusst immer noch in dem Glauben leben, die Abhängigkeit
von der Zuwendung anderer noch nicht überlebt
zu haben.

Jeder von uns hat als Baby die unbewusste Erfahrung gemacht, dass er das, was er brauchte, um
die Zeit totaler Abhängigkeit zu überleben, von
anderen bekam. Auch wenn wir uns dieser Abhängigkeit nicht bewusst waren, so war sie doch in unserem Unterbewusstsein vorhanden. Sie bestimmte von der ersten Minute unseres Lebens unser
Verhalten. Wann immer wir etwas brauchten und
es nicht wie von selbst bekamen, haben wir alles
getan, um auf uns aufmerksam zu machen. Wobei
uns am Anfang nicht mehr als unsere Stimme zur
Verfügung stand, um den Kontakt zu der für uns
sorgenden Person aufrechtzuerhalten.

Wer und wie diese Bezugsperson war, ob liebevol-
le Mutter oder Wölfin, wie im Fall von Romulus
und Remus, spielte in unserem unbändigen Drang
zu überleben keine Rolle. Hauptsache war, dass da
jemand war, der uns am Leben hielt. Um ihn bei
der Stange zu halten, waren wir bereit, alles zu geben, alles zu tun und zu entwickeln, was dafür erforderlich war.

Was wir jedoch völlig falsch gespeichert haben
und auch als Eltern falsch deuten, weil auch schon
unsere Eltern es falsch verstanden haben, ist: Was
ein Baby macht, macht es nicht, um ein liebes oder
liebenswertes Kind zu sein oder um seine Eltern zu
erfreuen, sondern um am Leben zu bleiben.
Nichts, was wir in der ersten Zeit unseres Lebens
tun, tun wir für unsere Bezugsperson oder irgendjemand anderen, sondern einzig und allein für uns
selbst. Die andere Person, die wir erst später lernen, Mutter, Vater oder sonst wie zu benennen, ist
für uns am Anfang lediglich Mittel zum Zweck, um
die Phase totaler Abhängigkeit hinter uns zu bringen.

In Alter von vier, spätestens sieben Jahren hat ein
gesunder Mensch die Zeit, in der sein Überleben
von anderen abhängig war, überlebt und alles Notwendige entwickelt, was er braucht, um sich selbst
am Leben zu halten. Nicht um sein Leben selbst in
die Hand zu nehmen und allein zu leben, sondern

um allein zu überleben. Er kann seine lebenserhaltenden Bedürfnisse nun bewusst wahrnehmen und selbst befriedigen: Er kann sich selbst fühlen, kann allein gehen, essen und trinken, sich wärmen oder abkühlen, sich säubern, mitteilen und ausdrücken.

Eigentlich ist damit die Zeit totaler Abhängigkeit vorbei. Der andere Mensch als Mittel zum Zweck des Überlebens hat seinen Sinn erfüllt. Doch dass damit der einzige Zustand beendet war, in dem wir für die Befriedigung unserer eigenen Bedürfnisse auf andere Menschen angewiesen sind, hat uns niemand bewusst gemacht und ist bis heute kaum einem bewusst.

Die meisten Menschen verhalten sich auch als Erwachsene immer noch so, als seien die Jahre, in denen sie gezwungen waren, alles zu tun, um über andere zu bekommen, was sie sich selbst (noch) nicht geben konnten, noch nicht vorüber. Der Grund dafür ist, dass die Menschen, die eigentlich nur so lange eine größere Rolle in unserem Leben spielen sollten als wir selbst, solange wir nicht allein *über*lebensfähig waren, diese Rolle nicht abgaben, als wir lebensfähig waren.

Statt uns die Hauptrolle für unser Leben langsam zu übergeben, behielten unsere Bezugspersonen – dem Vorbild ihrer Eltern folgend – unbewusst auch weiterhin ihre Rolle als Mittler zwischen uns und dem Leben bei. So wurden sie, die ursprünglich Mittel zum Zweck des Überlebens waren, automatisch und übergangslos Mittel zum Zweck des Lebens. Wodurch wir unbewusst aus der totalen Abhängigkeit in die normale Abhängigkeit glitten. Was nicht heißt, dass diese Abhängigkeit natürlich ist oder war.

Natürlich wäre gewesen, in das Bewusstsein begleitet zu werden, dass wir zwar nicht alles kriegen, was wir möchten und uns wünschen, jedoch alles entwickelt haben, um selbst dafür sorgen zu können, das zu bekommen, was wir brauchen. Denn sobald wir uns selbst wahrnehmen können, weiß niemand auf der Welt besser als wir selbst, was uns selbst im Moment am meisten entspricht. Nur, mit unserem Selbst entsprechend umzugehen, lernten wir nicht. Stattdessen lernten wir, dass wir das, was wir bisher bedingungslos – auf dem Weg über andere – für uns selbst taten, nun für andere zu tun hatten, um weiterhin von ihnen zu bekommen, was wir uns ab jetzt eigentlich auf direktem Weg selbst hätten anfangen können zu geben.

Statt zum Beispiel angeleitet zu werden, uns bewusst zu machen, ob es der richtige Zeitpunkt ist, so knapp vor einer Mahlzeit Schokolade zu essen, lernten wir, auf unsere eigenen Wahrnehmungen und Empfindungen, die uns befähigen, selbstständig und eigenverantwortlich zu handeln, gar nicht erst zu hören oder sie zu überhören, um auf andere zu hören und sie zu fragen: »Darf ich ein Stück Schokolade haben?« Egal, ob die Antwort ja oder nein lautete, was sie uns in erster Linie unbewusst vermittelte war, selbst kein Bewusstsein zu haben bzw. unfähig zu sein, selbst herauszufinden, was wann richtig und gut für uns ist. So wurden wir in dem Glauben gehalten, die Abhängigkeit von anderen noch nicht überlebt zu haben.

Der Weg über andere, der einst bedeutete: »Ich gebe mir über dich«, wurde uns am Anfang unserer Lebensfähigkeit nicht als unnötig gewordener Umweg bewusst gemacht, sondern nun »Liebe« genannt. Etwas, das nun plötzlich nichts mehr direkt mit uns selbst zu tun haben durfte. Denn statt uns nun endlich als lebenswürdig erweisen zu können, mussten wir uns als liebenswürdig oder, besser gesagt, weiterhin als versorgungswürdig beweisen.

Was seitdem im Klartext für uns heißt: Ich habe dir zu geben, damit du mir gibst, was ich mir selbst geben könnte, jedoch nicht geben darf, damit du von mir bekommst, was auch du nicht gelernt hast, dir selbst zu geben.

Unsere Fähigkeit, für uns selbst zu sorgen, wurde nicht von uns selbst weiterentwickelt, sondern von anderen auf sich erweitert, indem sie sich unsere

Bedürfnisse zur Erfüllung ihrer Wünsche zu Eigen machten: Wenn du lieb bist, (sprich: genau das tust, was ich von dir will, um mich gut zu fühlen), gebe ich dir das, was du brauchst, um dich gut zu fühlen. Womit sie sich einen Platz in unserem Leben gaben, der eigentlich uns selbst zustand.

So wurde der ursprünglich überlebensnotwendige Kreislauf, sich selbst über andere zu geben, zu einem vermeintlich lebensnotwendigen Kreislauf von Geben und Nehmen. Ein Kreislauf, der – weil er nicht hält, was er verspricht – sich irgendwann immer mehr ins Geben bewegt, bis er sich nur noch um andere dreht und mit »Geben ist seliger denn Nehmen« in Schwung gehalten wird.

Die Befriedigung unserer eigenen Bedürfnisse, die dabei auf der Strecke blieb, wurde uns zwar in Aussicht gestellt. Beigebracht wurde sie uns jedoch nicht. Stattdessen wurde unsere Fähigkeit, unser Selbst zu befriedigen, auf den Begriff Selbstbefriedigung reduziert und damit ebenso degradiert wie tabuisiert. Jede andere Form von Selbst-Befriedigung wurde einfach negiert oder als Fehlverhalten deklariert. Jeder Versuch, den direkten Weg zu uns zu wagen und aus uns selbst heraus zu handeln, um Schritt für Schritt Verantwortung für unser Selbst zu übernehmen, wurde gnadenlos verhindert und mit Liebesentzug geahndet.

Zuwendung, Achtung und Aufmerksamkeit, so erfuhren wir, ist nicht etwas, das man sich selbst aus
erster Hand, freiwillig und umsonst geben darf,
sondern erst einmal anderen zukommen lassen
muss, um sie dann sozusagen second hand von ihnen zurückzuerhalten.

Das Missverständnis, das wir mit uns herumtragen,
seitdem wir gezwungen waren, diesen Umweg
über andere aufrechtzuerhalten, ist, dass wir das
Gefühl, ein zuwendungswürdiger und beachtens-
werter Menschen zu sein, von anderen erwarten.
Da wir dieses Empfinden, das wir uns von anderen
versprachen, von anderen jedoch nie definitiv und
dauerhaft bekamen, leben wir unbewusst immer
noch in dem Glauben, die Voraussetzungen dafür
noch nicht erfüllt zu haben. Deshalb tun wir immer
noch alles und mehr, um von anderen endlich das
Gefühl zu erhalten, anerkannt zu werden und uns
bedingungslos zugewandt zu sein.

Dass wir diese Gewissheit trotz all unserer An-
strengung nicht erlangen, liegt keineswegs daran,
dass wir nicht genug für andere oder andere nicht
genug für uns machen, sondern daran, dass wir
nicht genug für uns selbst tun, weil wir das, was
wir uns in Wahrheit nur selbst geben können, uns
selbst vorenthalten.

Solange wir uns nicht selbst die Zuwendung und
Achtung geben, die wir anderen entgegenbringen

oder von ihnen erwarten, werden wir uns nie wirklich wahrgenommen, anerkannt, gemocht oder geachtet fühlen. Denn nichts, was wir von anderen bekommen, kann das Gefühl ersetzen, das wir haben, wenn wir uns selbst die Aufmerksamkeit und Anerkennung geben, die wir unbewusst immer noch von anderen erhoffen.

Selbst wenn die, die uns versprachen, uns zu lieben, wenn wir uns als liebenswert bewiesen, ihr Versprechen hielten, hielt das Versprechen nicht, was es versprach, weil seine Erfüllung gleichzeitig Ablehnung unseres wahren Seins war: Anstelle unseres Selbst-Wertes wurden Werte gesetzt, die andere uns gaben, wenn wir ihren Wert-Vorstellungen entsprachen. Was wir dadurch bekamen, war nicht das versprochene Selbstwertgefühl. Es war das Gegenteil: das Empfinden, es nicht wert zu sein, uns selbst das zu geben, was andere uns abverlangten und für sich in Anspruch nahmen. Denn was wir lernten, war nicht, dass andere *auch* eine Rolle in unserem Leben spielen. Was wir lernten war, dass wir anderen die Hauptrolle in unserem Leben zu geben hatten:

• Statt unser Selbst zu achten und zu ehren, lernen wir, dass wir stattdessen Vater und Mutter zu ehren haben.

• Statt zu lernen, uns so zu benehmen, dass wir uns selbst respektieren können und mögen, lernten wir, wie wir uns zu verhalten haben, damit uns andere mögen.

• Statt ermutigt zu werden, liebe- und verständnisvoll mit uns selbst umzugehen, erfuhren wir, dass das keiner (also auch wir nicht) besser kann als unsere Eltern, weil es niemand (also auch wir nicht) so gut mit uns meint wie sie.

• Statt zu lernen, uns zu fragen »Was brauche ich?«, bekamen wir gesagt, was andere von uns wollen.

• Statt zu lernen, herauszufinden und zu sagen, was wir möchten, lernten wir, dass andere das nicht möchten.

• Statt darin unterstützt zu werden, uns selbst zu fragen, auf unser Selbst zu hören und entsprechend zu handeln, wurde uns beigebracht, dass wir andere zu fragen und ihnen zu gehorchen haben, um zu erfahren, wie, wann und wo wir was zu tun oder zu fühlen haben.

• Statt zu lernen, uns selbst zu vertrauen, lernten wir, anderen zu glauben, dass sie uns geben können, was wir nicht gelernt haben, uns selbst zu geben. Denn was den Umgang mit uns selbst betrifft, so lernten wir nur, uns zu *nehmen*: Ich nehme mir Zeit. Ich nehme mir die Freiheit. Ich nehme mir ein Stück Kuchen.

Die Gabe, uns selbst zu geben, ist uns so fremd wie irgendein Tabu irgendeiner Kultur auf der anderen Seite der Welt. Etwas, über das man weder spricht noch nachdenkt, weil wir alle die Angst erregende Ahnung haben, dass sonst der erlernte Sinn des Lebens: anderen zu geben, um zu bekommen, in sich zusammenbricht. Die Ahnung ist richtig.

Doch die Angst, dann nicht die Zuneigung und Anerkennung zu bekommen, nach der wir uns alle sehnen, ist völlig unbegründet. Denn sobald wir uns selbst die Zuwendung und Aufmerksamkeit geben, die wir brauchen, um zu erkennen, was unserem Selbst entspricht, und danach handeln, werden wir in das Bewusstsein erwachen, längst ein unabhängiger, selbstständiger, eigenverantwortlicher Mensch zu sein und uns als solcher anerkannt fühlen.

Solange jedoch der Schalter des Bewusstseins, die Abhängigkeit überlebt zu haben, auf *off* steht, bleibt automatisch auch das Bewusstsein unserer Selbstständigkeit und Eigenverantwortlichkeit auf *off* geschaltet. Was zur Folge hat, dass unser Selbstbewusstsein und Selbstverständnis, unsere Selbstachtung und das Selbstwertempfinden ebenfalls lahm gelegt bleiben. Was wiederum erklärt, warum sich so viele Erwachsene unbewusst immer noch wie Kleinkinder verhalten.

Wenn auch Ihr Handeln immer wieder von dem längst überholten Denkmuster bestimmt wird zu glauben, alles tun zu müssen, um die Aufmerksamkeit und Zuwendung anderer zu erhalten, sollten Sie den Schalter: »Abhängigkeit von anderen überlebt« endgültig auf *on* schalten. Machen Sie sich bewusst, dass Sie längst alles entwickelt haben, um endlich damit anzufangen, sich selbst zu geben, was Sie bisher von anderen haben wollten.

Dann wird auch der Spruch »Geben ist seliger denn Nehmen« seinen möglicherweise ursprünglichen Sinn erhalten.

Sich selbst zu geben, was Sie brauchen, bedeutet nicht, nicht mehr willens oder in der Lage zu sein, auch weiterhin für andere Menschen da zu sein und auf sie einzugehen.

Es bedeutet auch nicht, auf die Gegenwart und Zuneigung anderer verzichten zu können oder zu müssen. Es bedeutet lediglich, aufzuhören zu glauben, dass Ihr Leben von der Zuwendung irgendeines anderen Menschen abhängig sei, nur weil Ihr Überleben irgendwann einmal davon abhängig war.

Der Beweis dafür, dass Sie diese Abhängigkeit hinter sich haben, ist, dass Sie leben. Wenn ein Baby oder Kleinkind eine Woche lang keinerlei Fürsorge von anderen erhält, stirbt es. Dagegen sterben Sie, selbst wenn sich jahrelang kein anderer mehr um

Sie kümmern würde, noch lange nicht. Und zwar schon lange nicht mehr.

Sie können also sofort damit aufhören, sich lieb, nett, brav, devot, hilflos, unfähig oder sonst irgendwie beachtenswert zu verhalten, um sich die Zuwendung anderer zu verdienen, zu erdienen oder zu erarbeiten. Natürlich können Sie auch damit weitermachen. Nur, müssen tun Sie es nicht mehr, weil Sie niemand mehr brauchen, außer sich selbst, um die Aufmerksamkeit zu erhalten, derer Sie bedürfen. Wenn Sie sich diese selbst geben, wird die Aufmerksamkeit und Zuwendung anderer Menschen ein zusätzliches Geschenk sein und keine vermeintliche Notwendigkeit mehr, die Sie von anderen abhängig macht.

Um in erster Linie selbst für die Erfüllung Ihrer Bedürfnisse zu sorgen, brauchen Sie also weder allein zu sein noch allein zu bleiben. Single zu sein, ist keineswegs ein Beweis dafür, zu sich selbst gefunden zu haben. Und sich von anderen abzuwenden, heißt noch lange nicht, sich selbst liebe- und respektvoll zugewandt zu sein.

Um das zu tun, kann es sogar sehr nützlich und hilfreich sein, gerade im Kontakt mit anderen Menschen damit anzufangen. Denn nirgendwo können Sie Ihre Unabhängigkeit und Selbstständigkeit besser verwirklichen und erleben als mit anderen Menschen oder einem Partner. Nirgendwo ist es effektiver, Ihr Bewusstsein zu aktivieren, dass die Erfüllung Ihrer Bedürfnisse nicht (mehr) vom Wohlwollen anderer abhängt, sondern von Ihnen.

Das soll nicht heißen, dass Sie sich ab jetzt selbst umarmen sollten, wenn Sie in den Arm genommen werden möchten. Sie können nur aufhören, sich wie ein Baby zu verhalten, das warten muss, bis andere seine Bedürfnisse erahnen. Und dem nichts anderes übrig bleibt, als zu schreien, wenn es nicht bekommt, was es braucht.

Vielleicht haben auch Sie früher oder später schon einmal geschrien, weil Sie immer wieder vergeblich darauf warteten, dass Ihr Partner Sie von sich aus umarmt und Sie einfach nicht verstanden, wieso er Ihr Bedürfnis nicht spürte und Ihnen nicht gab, wonach Sie sich sehnten.

Was Sie als Erwachsener *brauchen*, ist kein anderer Mensch, der Sie von sich aus umarmt. Was Sie brauchen, ist Ihre eigene Aktivität, um zu bekommen, was Sie sich wünschen oder möchten. Nicht die Umarmung ist das Bedürfnis. Sie ist der Wunsch. Das Bedürfnis ist, selbst etwas dafür zu tun, damit der Wunsch in Erfüllung geht. Nichts dafür zu tun, macht die Umarmung zum Bedürfnis und Sie zum Kleinkind.

Wenn Sie als Erwachsener bekommen wollen, was Sie als Erwachsener haben wollen, bleibt Ihnen also gar nichts anderes übrig, als sich wie ein Erwachsener zu benehmen.

Erwachsen zu sein heißt, der Abhängigkeit von anderen entwachsen zu sein und selbst für die Befriedigung Ihrer Bedürfnisse einzustehen. Im oben erwähnten Fall hieße das: Bewusst wahrzunehmen, dass Sie von Ihrem Partner/Ihrer Partnerin umarmt werden möchten, Ihren eigenen Hintern hochzukriegen, zu ihm/ihr zu gehen und zu sagen, dass Sie in den Arm genommen werden möchten.

Allerdings ist der erste Schritt, den Sie selbst für die Erfüllung Ihrer Wünsche tun, keine Garantie dafür, immer sofort genau das zu bekommen, was Sie wollen. Manchmal sind weitere Schritte notwendig, um sich selbst ans eigentliche Ziel zu führen.

Wenn Ihr Partner Sie zum Beispiel aus irgendeinem Grund nicht umarmen will oder kann, wenn Sie ihn darum bitten, sollten Sie das nicht zum Anlass nehmen, sich wieder in hilflose Abhängigkeit zu begeben. Erneuern Sie Ihre Aktivität in Richtung Wunscherfüllung. Fragen Sie ihn, warum er Sie jetzt nicht umarmen will oder wann er Zeit dazu hat.

Ob es eines weiteren Schrittes Ihrerseits bedarf, wird das Ergebnis des vorangegangenen zeigen. Entweder wissen Sie jetzt, wann Sie umarmt werden, und können genüsslich darauf warten. Oder Sie erfahren, warum Sie nicht umarmt werden und können tun, was dafür notwendig ist. Womit Sie sich und Ihrer Partnerschaft möglicherweise mehr geben, als Sie bekommen hätten, wenn der andere Sie von sich aus umarmt und dabei sein eigenes Bedürfnis überhört hätte.

# 6 Mehr

*»Ich will mehr!«*

Immer wieder höre ich Klienten in der ersten Sitzung sagen:
»Ich will mehr Selbstvertrauen.«
»Ich möchte mehr auf meine Gefühle hören.«
»Ich möchte wieder mehr Spaß am Leben haben.«
»Ich will mehr dies und ich möchte mehr das.«
Eines Tages, während einer Sitzung, fiel es mir wie Schuppen von den Augen. Plötzlich wurde mir klar, was uns immer wieder daran hindert, Fähigkeiten zu entwickeln, die wir uns sehnlichst wünschen. Es ist das Wort *mehr.*
Mit mehr tun wir kund, dass das, was wir haben, uns nicht reicht. Deshalb wünschen wir uns mehr davon. Der Wunsch ist berechtigt, in den meisten Fällen jedoch ohne jede Chance, in Erfüllung zu gehen. Denn in den meisten Fällen, in denen wir uns mehr von dieser oder jener Fähigkeit wünschen, machen wir uns unbewusst vor, etwas zu haben, was wir ganz offensichtlich gerade dann,

wenn wir mehr davon möchten, weder haben noch empfinden.

So konnte zum Beispiel keiner meiner Klienten die Frage, ob er die Fähigkeiten, von denen er mehr wollte, bereits habe, mit ja beantworten.

Auch ich hatte mir manchmal gewünscht, mehr Ruhe zu haben oder wieder mehr zu lachen. Doch gespürt und geäußert habe ich dieses Bedürfnis nicht dann, wenn ich Ruhe oder Spaß hatte oder zumindest ein bisschen davon. Mehr davon wollte ich immer nur dann, wenn ich keinerlei Ruhe oder nichts zu lachen hatte. Kein Wunder also, dass die Mehr-Wünsche keine Erfüllung fanden. Denn was nicht ist, kann man nicht vermehren.

Mehr setzt voraus, dass bereits etwas von dem, was wir vermehren wollen, vorhanden ist. Doch nur weil wir alle zum Beispiel die Fähigkeit haben, uns selbst zu vertrauen, heißt das noch lange nicht, dass wir diese Fähigkeit je verwirklicht haben. Und wenn dem doch so war, ist es meist schon so lange her, dass von dem Selbstvertrauen nichts mehr da ist, wenn wir mehr davon wollen.

Mithilfe des Wörtchens mehr machen wir uns und andere unbewusst glauben, die Fähigkeiten, die wir vermehren wollen, schon entwickelt zu haben. Und dass wir nun bereit und fähig sind, die Steigerung dieser Fähigkeiten zu erleben. Doch den meisten Fähigkeiten, von denen wir *mehr* wollen, fehlt jede Grundlage. Denn dort, wo wir den vermeintlichen Ist-Zustand wähnen, auf den wir aufbauen wollen, herrscht oft gähnende Leere, weil wir in Wahrheit noch nicht einmal angefangen haben, diese Fähigkeiten zu entwickeln.

Mit mehr drücken wir aus, dass uns etwas fehlt. Doch was wir unbewusst vermissen, ist nicht die Quantität, sondern die Qualität einer Fähigkeit. Nur merken wir es nicht, weil mehr uns glauben macht, dass es hier nur darum geht, etwas zu vermehren, und nicht darum, etwas zu verwirklichen. Da wir nicht vermehren können, was wir nicht haben, machen wir das Schicksal und die Umstände dafür verantwortlich, dass wir nicht mehr davon verwirklichen können. Dass wir uns selbst mit diesem Wörtchen die Chance nehmen, eine Fähigkeit zu entwickeln, wird uns nicht bewusst, weil wir uns einbilden, die Fähigkeit bereits zu haben.

Mit mehr kreieren wir unbewusst eine nicht vorhandene Basis, reden uns ein, ein Fundament zu haben, auf das wir bauen können. Machen uns vor, schon ein gutes Maß an Erfahrung zum Beispiel mit Selbstvertrauen oder innerer Ruhe zu haben, und verzweifeln an der Tatsache, dass wir diese Erfahrungen nicht erweitern können.

Statt uns konkret in bewussten Kontakt mit einer Fähigkeit zu bringen, um sie zu erneuern oder um anzufangen, sie zu verwirklichen, bauen wir auf

Hoffnungen aus vagen Vorstellungen und Erinnerungen. Was dem Versuch gleichkommt, ein Haus auf Sand errichten zu wollen und sich einzubilden, dass die Sandkörner in der Zwischenzeit zu einem massiven Felsen geworden sind. In der Regel ist es jedoch umgekehrt.

Ob wir eine Fähigkeit haben oder nicht, hängt nicht davon ab, wie viel wir davon haben, sondern davon, wie oft wir sie verwirklichen. Und verwirklichen können wir sie nur, indem wir sie uns bewusst machen und erneuern – und nicht, indem wir an sie denken.

Womit wir in Momenten der Mehr-Wünsche in Kontakt sind, ist nicht die Fähigkeit, auf die wir uns beziehen. Es ist unsere Unfähigkeit, die wir spüren und die damit verbundenen Gefühle: Frust, Unzufriedenheit und Unzulänglichkeit. Empfindungen, die durch Mehr-Wünsche nicht besser werden, sondern stärker.

Mit mehr versichern wir uns unbewusst, bei Schritt 49 zu sein und nur noch einen Schritt tun zu müssen, um bei 50, dort, wo wir hinwollen, anzukommen. Nur, in Wahrheit haben wir, ohne uns dessen bewusst zu sein, womöglich noch nicht einmal den ersten Schritt in die Richtung des ersehnten Ziels getan. Wie sollen wir da begreifen, warum uns Schritt 50 verwehrt bleibt?

Für jemanden, der tatsächlich bei Schritt 49 einer

Fähigkeit angelangt ist, wird der nächste Schritt ein Schritt wie jeder andere sein, ein gewohnter Schritt – nicht mehr und nicht weniger. Einen 50-Schritte-Schritt zu machen hat außer Gulliver noch keiner geschafft. Und selbst wenn es einer schaffen sollte, fehlen ihm möglicherweise für den nächsten Schritt die Erfahrungen aus den 49, die dazwischen lagen.

Der erste Schritt, Ihre Ziele zu erreichen ist, bewusst in die Gegenwart zu kommen, indem Sie einfach das mehr aus Ihren Wünschen streichen. Fügen Sie dafür noch ein letztes Mal Ihre bisherigen Lieblings-Mehr-Wünsche untereinander ein:

Ich möchte mehr .................................................................

Ich brauche mehr ...............................................................

Ich will mehr ......................................................................

Ich sollte mehr ...................................................................

Ich wünsche mir mehr .......................................................

Sprechen Sie jeden dieser Sätze aus der Vergangenheit laut aus und spüren Sie ganz bewusst, was er in Ihnen auslöst. Erinnert er Sie an Gefühle der Hoffnungslosigkeit oder Verzweiflung, die diese

Sätze bisher begleiteten? Hören Sie es vielleicht sogar irgendwo im Hinterkopf flüstern: »Ich würde ja/könnte ja, wenn nicht die anderen ...« Oder: »... wenn nicht die Umstände ...«? Die anderen oder die Umstände waren nur Füller für das Loch, das das Mehr verursachte.

Schreiben Sie nun die gleichen Sätze noch einmal – ohne mehr

Ich möchte .....................................................................

Ich brauche ..................................................................

Ich will .........................................................................

Ich sollte .....................................................................

Ich wünsche mir ...........................................................

Sprechen Sie wieder jeden Satz laut aus und nehmen Sie wahr, wie sich das anfühlt.

Plötzlich bekommt die Sache Biss, oder? Können Sie eine gewisse Entschiedenheit spüren, die vorher nicht da war? Das Bedürfnis wird konkret. Das häufig in Mehr-Sätzen verborgene Gefühl der Sinnlosigkeit des Bemühens oder der Unerfüllbarkeit des akuten Wunsches hat sich aufgelöst. Wird vielleicht ersetzt durch das Bewusstsein:

• dass es möglicherweise etwas ganz Neues ist, was Sie da vorhaben, oder

• dass Sie, genau genommen, noch nie wirklich damit angefangen haben, sich den Wunsch zu erfüllen oder das Bedürfnis zu verwirklichen, oder
• dass es Zeit wird, sich überhaupt erst einmal eine Chance zu geben, das Ziel unvoreingenommen anzugehen.

Es könnte auch in die entgegengesetzte Richtung gehen. Wenn zum Beispiel einer Ihrer Sätze lautete: »Ich möchte mehr Geld« – ein Wunsch, der lediglich das Gefühl vermittelt, nicht genug zu haben – und Sie sich nun sagen hören: »Ich möchte Geld«, könnte Ihnen überraschenderweise bewusst werden, dass Sie möglicherweise schon ganz schön viel haben, jedenfalls genug zum Leben. Was sicherlich ein angenehmeres Fundament ist als das Mehr-Wunsch-Gefühl, nicht genug zu haben.

Alle Klienten, die auf mehr in den Formulierungen ihrer Therapieziele verzichteten (»Ich will Selbstvertrauen«, »Ich möchte auf meine Gefühle hören« usw.), empfanden spontan eine ganz neue Qualität von Entschiedenheit, die Verwirklichung ihrer Bedürfnisse anzupacken.

Als ich anfing, mehr aus meinen Bedürfnissen zu streichen, wurde die ersehnte Zukunft konkrete Gegenwart. Schon bei dem Gedanken »Ich will lachen« begann ich zu grinsen und lachte überraschenderweise auch sonst viel häufiger, weil mich das Bewusstsein begleitet, die Fähigkeit zu haben, und nicht das Gefühl, dass mir etwas fehlt. Und was einst nichts weiter als ein unbewusster Vorwurf an mich und die Welt war: »Ich brauche mehr Ruhe«, hat sich, ohne mehr, in eine magische Formel verwandelt, die mich auffordert, meine Bedürfnisse ernst zu nehmen und mir das zu geben, was ich brauche.

# 7 MÜSSEN

*»Ich habe keine andere Wahl:*
*Ich muss.«*

»Bevor wir anfangen«, teilte mir eine Klientin am Beginn einer Sitzung mit, »muss ich Ihnen schnell noch was sagen: Wir müssen heute bitte etwas eher aufhören. Sonst schaffe ich das alles nicht. Denn bevor ich mein Kind von der Schule abholen muss, muss ich unbedingt noch in die Reinigung, die um eins schließt. Und heute Nachmittag habe ich keine Zeit dazu, weil ich noch zum Friseur muss, weil wir heute Abend eingeladen sind. Und da müssen wir hin, weil das für meinen Mann beruflich sehr wichtig ist. Tut mir Leid, aber was sein muss, muss sein.« Damit sackte sie in sich zusammen und rang erschöpft nach Luft.

Kein Wort spielt in unserem Leben eine größere Rolle als das Wort müssen. Und das nicht nur, weil wir es so häufig benutzen wie kaum ein anderes Wort, sondern weil es, wie kein anderes Wort, Einfluss auf unser Erleben nimmt: unsere Wirklichkeit verändert, unsere Wahrnehmung verfälscht und unser Bewusstsein auf dem Niveau eines Kindes hält.

Müssen ist ein Halluzinogen, das die Scheinwelt unserer Kindheit, fremdbestimmt zu sein, künstlich aufrechterhält. Es ist eine Droge, von der wir alle abhängig sind, weil wir bereits als Kind davon abhängig gemacht wurden. Denn was uns einst als natürliche Nahrung verkauft wurde, ist ein synthetisches Aufputschmittel, nach dem wir alle süchtig sind, weil es uns die Illusion einer Leistungsfähigkeit gibt, die uns unsere Handlungsfähigkeiten vergessen lässt.

Zu müssen ist ein Dopingmittel, das wir mehrmals täglich einnehmen und das uns ebenso krank macht wie jede andere Droge, die wir über einen langen Zeitraum nehmen. Nur mit dem Unterschied, dass wir sie uns nicht zu beschaffen brauchen, weil wir nicht nur lernten, wie man sie selbst herstellt: »Ich muss«, sondern auch, wie man mit ihr dealt: »Du musst.«

Doch so viel wir davon auch schlucken, seine Wirkung macht uns nicht high, sondern deprimiert. Sie drückt uns im wahrsten Sinne des Wortes nieder, weil die Halluzination zu müssen permanent einen unbewussten Druck auf uns ausübt. Ein Druck, der uns nicht fördert, sondern fordert und, da er Trotz und Widerstand erzeugt, gleichzeitig bremst. Dass wir uns damit selbst das Leben schwerer machen, als es in Wirklichkeit ist, wird uns nicht bewusst, weil wir alle in der Hypnose leben zu glauben, dass wir müssen.

Vielleicht ist die Tatsache, dass wir von klein auf in diese Massenhypnose hineinwachsen, eine Erklärung dafür, warum wir aus ihr nicht von allein erwachen, wenn wir erwachsen sind. Vielleicht wollen wir aus ihr auch gar nicht erwachen. Denn die Illusion von Wichtigkeit, die in »Ich muss« und »Du musst« mitschwingt, gibt uns die Möglichkeit, unseren Handlungen eine Bedeutung beizumessen, die sie nicht haben, und uns der Illusion eines Selbstwertes hinzugeben, der uns fehlt.

Ausgerechnet der Gebrauch dieses Begriffes ist es, der unserem Selbst seinen wirklichen Wert und unserem Tun seine wahre Bedeutung nimmt, weil wir uns unbewusst jedes Mal, wenn wir »Ich muss« sagen oder denken, zur fremdbestimmten Marionette degradieren, die dem Willen anderer Menschen hilflos ausgeliefert ist. Wodurch wir automatisch auch unserem Handeln jede Authentizität nehmen. Denn mit müssen geben wir den eigenen Impuls, etwas zu tun, und die Entscheidung, es zu verwirklichen, jemand anderem in die Hand. Machen uns unbewusst ständig aufs Neue glauben, dass andere über uns bestimmen.

Müssen bedeutet, gezwungen werden, genötigt

werden, gedrängt werden. Also muss da irgendwo irgendjemand sein, der unsere Fäden in der Hand hält. Wenn es nicht mehr Vater oder Mutter sind, die uns das Gefühl geben, abhängig zu sein, sind es die Chefs, die Politiker, die Nachbarn oder andere Menschen, die vermeintlich an unseren Fäden ziehen. Wenn auch das zu glauben nicht mehr funktioniert, greifen wir eben zu höheren Wesen. Dann sind es die Umstände, das Schicksal, der liebe Gott oder das Unbekannte ganz allgemein, mit denen wir unseren Glauben zu müssen aufrechterhalten.

Irgendwo muss die latente Abhängigkeit ja schließlich herkommen, die wir alle fühlen. Folglich muss es auch jemanden oder etwas geben, der oder das unser Handeln dirigiert. Und dafür verantwortlich ist, dass wir für das, was wir tun, nicht verantwortlich sind. Denn wie jeder echte Junkie verstehen natürlich auch wir es, unserer Muss-Sucht die Seite abzugewinnen, die jeder Sucht zugrunde liegt: sich der Realität und der Eigenverantwortlichkeit zu entziehen. Das Dumme ist nur, dass in unserem Fall die Wirklichkeit in jedem Fall angenehmer und leichter wäre als die Scheinwelt, die wir mit »Ich muss« und »Du musst« kreieren. Denn das Übel liegt nicht in der Realität, sondern in dem Wort, mit dem wir der Wirklichkeit übel zusetzen.

Kein anderes Wort hat einen so fatalen Einfluss auf unser Leben. Nichts macht uns so unfrei und abhängig wie die Sucht zu müssen. Keine andere Droge lässt uns häufiger zu noch härteren Drogen greifen, um den Druck- und Zwanggefühlen zu entkommen, unter denen wir völlig unnötigerweise leiden. Denn die Wirklichkeit ist in Wahrheit frei von der Zucht und der Strenge der imaginären Macht, in deren Hände wir uns mehrmals täglich durch die Selbsthypnose »Ich muss« begeben. Sie ist frei von den eingebildeten Zwängen, die wir, wenn wir sie nicht mehr aushalten, mit Trotz und Widerstand bekämpfen. Oder denen wir, wenn das nicht klappt, mit anderen Suchtmitteln zu entfliehen suchen, um endlich tun und lassen zu können, was wir möchten.

Wir alle sehnen uns danach, das machen zu können, was wir wollen. Denn wir Muss-Süchtigen glauben alle, dass wir das, was wir wollen, nicht tun können, weil wir müssen. Tatsache ist, dass wir unbewusst meist genau das tun, was wir wollen, wenn wir müssen denken und verwirklichen. Nur merken wir es nicht, weil wir das Müssen an die Stelle unseres eigenen Willens setzen und uns deshalb nicht bewusst wird, dass wir sehr oft gerade dann das tun, was wir selbst möchten, wenn wir behaupten zu müssen.

Dass das Müssen eine größere Rolle in unserem

Leben spielt als das Wollen, liegt daran, dass uns schon früh vermittelt wurde, dass die Erfüllung von Forderungen mehr wert sei als authentisches Handeln. Da diese Werte unseren Selbstwert jedoch keineswegs wachsen ließen und die Forderungen derer, die das versprachen, eingestellt wurden, bevor das Versprechen eingelöst wurde, übernahmen wir es irgendwann selbst, uns mithilfe imaginärer Anweisungen und Befehle zu Leistungen zu zwingen. Mit dem Ziel, endlich Selbstbestätigung in den von uns erfüllten Forderungen zu finden. Doch wie können wir Selbst-Bestätigung in Handlungen finden, die nicht von unserem Selbst, sondern nur von unseren Denkmustern initiiert und entschieden wurden?

Fremdbestimmtes Handeln kann, selbst wenn es nur eingebildet ist, den Wert selbstbestimmten Handelns niemals ersetzen. Denn Selbst-Bestätigung finden und unseren Selbstwert fühlen können wir nur, wenn unser Selbst an dem, was wir tun, bewusst und maßgebend beteiligt ist. Ist das nicht der Fall, passt oft der Spruch: Körperliche Abwesenheit ist manchmal besser als Geistesgegenwart.

In »Ich muss« fehlt die bewusste Entscheidung, uns selbst in das Geschehen einzubringen und mitzunehmen. Eine Entscheidung, die in »Ich will« spürbar enthalten ist. Deshalb fühlt sich »Ich will«

auch körperlich und energetisch ganz anders an als »Ich muss«.

Klienten, die unter großem Muss-Druck standen und sich auf ein kleines Experiment eingelassen hatten, bestätigten das ohne Ausnahme. Ich hatte sie gebeten, zwei Tage lang ein Schild mit der Aufschrift »Ich muss« unter ihrer Bluse oder dem Pullover zu tragen und sehr wach darauf zu achten, wann und wie oft sie diese beiden Worte sagen und wie sie sich dabei fühlen. In den zwei darauf folgenden Tagen trugen sie dann ein Schild, auf dem stand: »Ich will«, was sie nun jedes Mal anstelle von »Ich muss« oder »Du musst« sagten.

Als sich eine Klientin dieses Schild umhängte, erinnerte sie sich spontan an einen Spruch, den ihr Lehrer vor vielen Jahren in ihr Poesiealbum geschrieben hatte:

Schmerzt dich tief in der Brust
das harte Wort »Du musst«,
dann macht dich eins nur still,
das stolze Wort »Ich will«.

Sie alle machten unterschiedliche Erfahrungen und waren zum Teil sehr betroffen, bewusst erlebt zu haben, was sie sich bisher mit dem Glauben zu müssen unbewusst angetan hatten. Doch eines wurde ihnen allen klar: Authentisches Handeln ist das Einzige, das unseren Selbstwert wirklich nährt und müssen als das entlarvt, was es ist: Eine Maske von »Ich will«.

Zu müssen ist ein Begriff, in den wir vieles hineinstopfen und der alles Mögliche aussagt, nur nicht das, was er vorgibt. Denn was sich in »Ich muss« versteckt und wir mit seinem Gebrauch unbewusst kundtun ist:

• dass wir die Verantwortung für uns selbst ablehnen,

• dass wir für das, was wir gerade tun oder vorhaben zu tun, nicht die Verantwortung übernehmen,

• dass in dem, was wir tun, die eigene Entscheidung fehlt,

• dass wir uns unbewusst minderwertig fühlen,

• dass wir auf andere hören, selbst wenn sie gar nicht da sind,

• dass wir anderen mehr Raum geben als uns, selbst wenn es diese anderen gar nicht gibt,

• dass wir glauben, nur unter Druck handeln zu können, und

• dass wir uns selbst nicht wichtig nehmen – und uns deshalb wichtig tun.

So wichtig »Ich muss« und »Du musst« auch klingt, kein Mensch muss müssen. Wir benutzen nur nicht die richtigen Worte, um mit unseren Wünschen, Bedürfnissen und Erfahrungen richtig umzugehen. Zu müssen ist ein Gefühl, das es in Wirklichkeit gar nicht gibt.

Sicher fallen Ihnen an dieser Stelle zig Beispiele ein, die diese Behauptung widerlegen. Und wahr-scheinlich haben Sie Recht. Doch was wahr scheint, ist nicht immer wahr. Denn auch wahr ist, dass Sie, trotz Ihrer Einwände, müssen und sollen aus Ihrem Wortschatz streichen können.

Sie müssen das nicht glauben und Sie sollen es auch nicht tun. Sie können es ausprobieren. Die Frage ist nur, ob Sie das wollen. Wenn Sie sich diese Frage ohne Trotz oder Widerstand beantworten, haben Sie die Entziehungskur von der Droge Müssen bereits begonnen. Denn um von ihr runter und wieder zu sich selbst zu kommen, brauchen Sie nichts weiter zu tun, als sich Ihrer eigenen Entscheidungsfähigkeit zu bedienen und das zu machen, was Sie wirklich wollen. So leicht ist das. Vielleicht ist das auch der Grund dafür, warum die Rückfallquote bei denen, die einmal mit dem Entzug von Müssen begonnen haben, so niedrig ist wie bei keiner anderen Sucht.

Wenn auch Sie clean werden wollen, können Sie wählen. Entweder Sie streichen »Ich muss« und »Ich soll« ab sofort aus Ihrem Wortschatz, ersetzen es jedes Mal durch »Ich will« oder »Ich möchte« und lassen sich überraschen, was passiert. Oder Sie pro-

bieren es erst einmal hier aus und führen folgende
Liste mit den Ihnen geläufigen Muss-Sätzen fort.
Zum Beispiel:

Ich muss jetzt einkaufen gehen.
Ich muss früher ins Bett gehen.
Ich muss ...............................................................
Ich muss ...............................................................
Ich muss ...............................................................
Ich muss ...............................................................
Ich muss ...............................................................

Übertragen Sie nun nur das von Ihnen Geschriebe-
ne wörtlich in die folgenden Zeilen. Zum Beispiel:

Ich will jetzt einkaufen gehen.
Ich will früher ins Bett gehen.
Ich will ...............................................................
Ich will ...............................................................
Ich will ...............................................................
Ich will ...............................................................
Ich will ...............................................................

Auf diese Weise wird Ihnen unumgänglich bewusst, ob Sie das, was Sie bisher glaubten, tun zu
müssen, überhaupt selbst wollen (Ich will jetzt ein-

kaufen gehen). Oder ob es Ihnen beispielsweise nur zu einem anderen Zeitpunkt mehr entsprechen und viel besser in den Kram passen würde. Auf jeden Fall werden Sie sich in das Bewusstsein der eigenen Entscheidungsfähigkeit gebracht haben und aufhören können, zu denken oder zu sagen, dass Sie es jetzt tun müssen.

Sie werden auch aufhören, sich permanent Dinge einzureden, die Sie tun müssten (Ich müsste früher ins Bett gehen). Wenn Sie daraus eine selbstverantwortliche Aussage machen und Ihnen dadurch bewusst wird, dass Sie das, was Sie sagen, eigentlich gar nicht wollen, dann verstehen Sie jetzt sicher auch, warum Sie es bisher nicht fertig gebracht haben. Sie können also aufhören, sich mit Forderungen unter Druck zu setzen, die nicht Ihre sind. Und wenn Sie tatsächlich früher ins Bett gehen möchten, dann können Sie nun, da Sie diesbezüglich die Verantwortung zu sich zurückgeholt haben, frei entscheiden, ob Sie es tun. Sie sind der Einzige, der weiß, wann Sie es wirklich wollen. Warum sich also noch länger mit leeren Phrasen eines imaginären Müssens triezen?

Doch natürlich sind da noch die anderen Sätze. Sätze, die jetzt plötzlich lauten:

»Ich will um sechs Uhr aufstehen« oder

»Ich will heute zur Arbeit gehen«

und Reaktionen hervorrufen wie: »Das stimmt gar nicht«, »Das will ich überhaupt nicht«, weil Sie nach wie vor glauben, dass Sie das ganz bestimmt nicht wollen und trotzdem tun müssen. Wenn Sie jetzt oder später mit einem solchen Satz konfrontiert sind, dann lassen Sie sich erst einmal einen Moment Zeit, um genauer hinzuschauen. Das, was da steht, beinhaltet möglicherweise wider Erwarten doch genau das, was Sie wollen. Sie haben es vielleicht nur vergessen, weil Sie vor lauter Muss-Denken nur noch den Preis sehen, den Sie für das, was Sie wollen und haben, zahlen.

Denn wenn Sie um sechs Uhr aufstehen, um zur Arbeit zu gehen, stehen Sie um sechs Uhr auf, weil Sie pünktlich sein wollen weil Sie den Job behalten wollen oder lieber diesen als gar keinen wollen weil Sie Geld verdienen wollen weil Sie die Miete zahlen wollen weil Sie die Wohnung oder das Haus behalten und sich die Dinge leisten wollen die Sie bereits haben und noch haben wollen. Dafür stehen Sie um sechs Uhr auf und nicht, weil Sie müssen.

Müssen zu denken schürt das Gefühl, dass Sie lieber etwas anderes täten, was Ihnen mehr Spaß machen würde. Etwas anderes tun Sie, sobald Sie für das, was Sie machen, wieder selbst die Verantwortung übernehmen. Erinnern Sie sich, dass Sie die Verpflichtungen, die Sie haben, irgendwann freiwillig eingegangen sind. Machen Sie sich bewusst, warum Sie sich dafür entschieden haben und ob der Preis, den Sie dafür zahlen, immer noch stimmt. Wenn ja, werden Sie auch wieder Spaß daran haben. Wenn es nicht der Fall ist, ist es Ihre Entscheidung, ob Sie etwas daran ändern wollen oder nicht.

Mit müssen betitulieren wir unbewusst sehr häufig das, was wir nicht oder nicht mehr gern tun. Denn mit »Ich muss« können wir uns und anderen vormachen, dass das, was wir tun, gegen unseren Willen geschieht und wir deshalb nichts daran ändern können. Die Wahrheit ist, dass es ohne unseren Willen geschieht, weil wir unbewusst vergessen haben oder uns weigern, die Verantwortung für unsere eigene Entscheidung zu übernehmen – oder schlichtweg zu bequem dazu sind. Denn es ist einfacher zu behaupten, etwas tun zu müssen, das uns keine Freude mehr macht, als die Konsequenzen daraus zu ziehen und das zu unternehmen, was notwendig ist, um wieder hinter dem, was wir tun, zu stehen.

Wenn Sie sich von den inneren Widerständen, mit denen Sie sich bisher herumgeschlagen haben, von dem Druck, unter dem Sie stehen, und von den Widersprüchen, in denen Sie leben, befreien wollen, streichen Sie »Ich muss« und »Du musst« aus Ihrem Wortschatz.

Sagen Sie, so oft Sie den Mut dazu haben, statt »Du musst«: »Ich möchte, dass du ...« Und setzen

Sie jedes Mal an die Stelle von »Ich muss« oder »Ich soll«: »Ich will« oder »Ich möchte«. Wenn Sie das tun und spüren, dass es nicht stimmt, springen Sie nicht zu »Ich muss« zurück, sondern nehmen Sie die Änderungen vor, die erforderlich sind, damit Sie zu dem, was Sie tun oder vorhaben zu tun wieder »Ich will« sagen können.

Oft brauchen Sie, um das zu erreichen, nur einen anderen Zeitpunkt zu wählen (Ich will nicht jetzt, sondern später einkaufen gehen). Manchmal wird es auch einiger Taten oder Anstrengungen bedürfen. Doch wie Sie bald merken werden, ist meistens gar keine weitere Änderung nötig als »Ich will« statt »Ich muss« zu sagen und in diesem Bewusstsein zu handeln, um Ihren Selbstwert zu spüren und eine ganz neue Lebensqualität zu empfinden.

In einem Institut für Hypnoseforschung, in dem ich längere Zeit tätig war, arbeitete ich mit vierzehn Kollegen zusammen. Einen großen Teil der viel zu knappen Zeit zwischen den Sitzungen verbrachten wir damit, uns immer wieder untereinander über unseren despotischen Chef, die miserable Bezahlung, die unmöglichen Arbeitszeiten, die Nichtwürdigung unserer Arbeit usw. zu empören und zu echauffieren – bis ich mich eines Tages, mitten in einem solchen Gezeter, erinnerte, dass ich freiwillig dort war und jeden Tag freiwillig hinging.

Noch heute kann ich all die Gründe aufzählen, von denen ich mich bis dahin gezwungen sah, mich täglich dieser Ungerechtigkeit, Ausbeutung, Benachteiligung und Tortur unterwerfen zu müssen. Doch an dem Tag, als mir klar wurde, dass es, trotz aller berechtigten Einwände, meine eigene Entscheidung war, dort tätig zu sein, wurden mir auch die Vorteile und Möglichkeiten wieder bewusst, die mir dieser Arbeitsplatz bot. Indem ich diese zu würdigen begann, bekam auch die Arbeit, die ich dort machte, für mich einen Wert, den sie für mich bis dahin nicht hatte. Dieses Bewusstsein erleichterte es mir sehr abzuschätzen, ob und wie lange die Vorzüge dieses Jobs den Preis wert waren, den ich dafür zahlte. Als der Preis zu hoch wurde, kündigte ich und eröffnete, dank des Selbstwertgefühls, das ich von dort mitnahm, meine eigene Praxis.

# 8 NICHT

*»Das kann ich nicht.*
*Das will ich nicht.«*

Stellen Sie sich bitte einmal kein Klavier vor. Schauen Sie auf die Uhr und achten Sie darauf, dass Sie in der nächsten Minute auf keinen Fall an ein Klavier denken – auch nicht an einen grünen Laubfrosch. Und schon gar nicht einen Laubfrosch auf einem Klavier.

Wundern Sie sich nicht, dass es trotz meiner Bitte geschehen ist, noch bevor die Minute um war. Sie konnten gar nicht anders. Sie haben unbewusst genau das getan, was ich Sie bat, zu tun: nämlich sich ein Klavier und einen Laubfrosch oder beides vorzustellen. Nein, Sie haben sich nicht verlesen. Denn indem ich Sie bat, es *nicht* zu machen, blieb Ihnen gar nichts anderes übrig, als es unfreiwillig doch zu tun. Aus einem ganz einfachen Grund: Das Unterbewusstsein kennt keine Verneinung.

Es kann eine Verneinung weder registrieren noch darauf reagieren, weil es ausschließlich gegenwartsbezogen ist. Im Gegensatz zu unserem Verstand, der sich ständig in der Zukunft und in der Vergangenheit aufhält, ist das Unterbewusstsein, ebenso wie das Bewusstsein, immer nur mit der Gegenwart beschäftigt. Und in der Gegenwart gibt es keine Verneinung. Verneinung ist nur im Zusammenhang mit der Vergangenheit oder Zukunft möglich, da Verneinung immer einen unbewussten, indirekten Vergleich mit einer anderen Möglichkeit anstellt und voraussetzt.

Wenn etwas nicht ist oder nicht sein soll, bedeutet das lediglich, dass es anders ist oder sein soll, als es einmal war oder sein wird. Diesen Vergleich herzustellen ist allein über den Verstand möglich. Denn während er feststellen kann, dass jetzt nicht Nacht ist, nehmen Bewusstsein und Unterbewusstsein ausschließlich wahr, dass jetzt Tag ist.

In der Gegenwart gibt es nur das, was ist. Verneinung bedeutet: ist nicht. Und was nicht ist, ist nicht Gegenwart, kann also vom Unterbewusstsein auch nicht als solche wahrgenommen werden. Und weil nicht ist, was nicht ist, registriert unser Unterbewusstsein nur das, was ohne die Verneinung übrig ist. Was von »Stellen Sie sich keinen Laubfrosch vor« ohne Verneinung übrig bleibt, ist: »Stellen Sie sich einen Laubfrosch vor.«

Wenn Sie also jemanden auffordern, etwas nicht zu tun, fordern Sie ihn unbewusst auf, genau das zu tun, was Sie nicht wollen, weil auch sein Unterbewusstsein – ebenso wie das Ihre – keine Verneinung kennt. Fordern Sie zum Beispiel jemand auf: »Lüge mich bitte nicht mehr an«, speichert sein Unterbewusstsein jedes Wort, das es hören kann, nämlich: »Lüge mich bitte mehr an.«

Verneinungen sind also keineswegs geeignet, um von anderen Menschen wirklich verstanden zu werden. Auch nicht, sie dazu zu bringen, nicht das zu tun, was Sie nicht möchten. Trotzdem sind sie unentbehrlich – und zwar, um sich selbst wahrzunehmen. Denn um herauszufinden, was Ihrem gegenwärtigen Sein entspricht, brauchen Sie die Vergleichsmöglichkeit zu dem, was noch nicht oder nicht mehr mit Ihnen übereinstimmt.

Die Erkenntnis dessen, was Sie nicht wollen oder nicht sind, ist allerdings erst der halbe Weg zu sich selbst. Denn das, was mit Ihrem gegenwärtigen Selbst übereinstimmen würde, ist in der Verneinung nicht enthalten. Mit »Ich will nicht ...«, »Ich bin nicht ...« oder »Tu das nicht« teilen Sie lediglich mit, was Sie ablehnen. Was Sie tatsächlich wollen, sagen Sie damit nicht.

Das Dilemma, in das Sie dadurch geraten, liegt weniger an der verneinenden Aussage als vielmehr darin, dass Sie den begonnenen Weg zu sich selbst nicht zu Ende gegangen sind und deshalb Ihrer Mitteilung der wichtigste Teil Ihrer Selbsterkenntnis fehlt. Denn solange Sie nur das zum Ausdruck bringen, was Ihnen nicht entspricht, haben Sie sich selbst nicht wirklich verstanden und werden auch von anderen nicht wirklich verstanden werden. Denn das, was Ihr gegenwärtiges Selbst *bejaht*, fehlt.

Die Kunst, zu erreichen und zu verwirklichen, was Sie möchten, liegt darin, mit der Verneinung richtig umzugehen. Das heißt: Statt das, was Sie nicht wollen, nach außen zu tragen, es bewusst nach innen zu holen. Zu sich selbst und in die Gegenwart zu kommen, um sich bewusst zu machen, was Sie wollen, und möglichst nur das mitzuteilen. Zum Beispiel: »Ich möchte, dass du mir die Wahrheit sagst.«

Natürlich ist das keine Garantie dafür, nicht mehr angelogen zu werden. Was Sie jedoch garantiert dadurch erreichen, ist, dass Ihre Mitteilungen von vornherein konkrete Aussagen über sich selbst werden und keine verdeckten Angriffe mehr sind, die es anderen erschweren, Ihren Wünschen zu entsprechen, weil sie zu sehr damit beschäftigt sind, Ihre Vorwürfe abzuwehren.

Mit Verneinungen bekämpfen Sie lediglich das, was Sie nicht wollen. Was Sie wollen, erreichen Sie dadurch nicht. Denn: Die sicherste Methode, etwas beizubehalten ist, dagegen anzukämpfen.

Mit dem Widerstand, den eine Verneinung unbewusst nicht nur in uns auslöst, füttern wir energetisch das, was wir nicht wollen – in der Annahme, das zu nähren, was wir erreichen möchten. Doch das, was wir uns wünschen, ist nicht identisch mit dem, was wir ablehnen.

Was in Negationen nicht zur Sprache kommt, ist die innere Wahrnehmung und Mitteilung unseres eigentlichen Wunsches, Bedürfnisses oder Seins, weil wir auf halbem Wege nach außen gehen und das, was wir ablehnen, zur Hauptsache unserer Aussage machen – so, wie wir es als Kind gelernt haben: »Mach das nicht ...« »Ich will nicht, dass du ...« »Du sollst nicht ...« »Hast du schon wieder nicht ...« »Begreifst du nicht, dass ...« waren die Lehrsätze, mit denen man uns beibrachte, wie man sich selbst und seine eigenen Belange kundtut. Was die Erwachsenen, von denen wir lernten, uns verneinend mitzuteilen, tatsächlich wollten, was ihre eigentlichen Wünsche, Bedürfnisse und Gefühle hinter ihren Neins und Nichts waren, haben wir in den seltensten Fällen erfahren.

Auf diese Weise lernten wir: Das, was uns nicht entspricht, als Ausgangspunkt nach außen zu benutzen, um anderen klar zu machen, wer oder wo wir nicht sind, was wir nicht fühlen, nicht wollen, nicht können, nicht mögen, nicht haben, nicht wissen ...

Was wir nicht lernten war: Das, was wir ablehnen und verneinen, als Ausgangspunkt zu begreifen, um mit unserer Aufmerksamkeit nach innen zu gehen. Uns bewusst zu machen, was wir bejahen, und mitzuteilen, was unserem Selbst entspricht.

Übungsstunden darin, Verneinung als Nebensache zu verstehen, die uns hilft, die Hauptsache: das Bejahende, zu erkennen und in die richtigen Worte zu fassen, haben wir also nicht gehabt. Trotzdem brauchen Sie nicht länger in Verneinungen hängen zu bleiben. Sie können jederzeit damit beginnen, sich dort abzuholen, wo Sie wirklich sind, und *mit* sich einen Schritt weitergehen.

Sich selbst in den nächsten Schritt mitzunehmen heißt: Über die Erkenntnis dessen, wie und wo Sie nicht sind oder nicht sein wollen, hinauszugehen. Bewusst zu sich selbst zu kommen und wahrzunehmen, was Ihr tatsächliches Bedürfnis oder gegenwärtiges Sein ist. Also statt Ihre Mitmenschen erraten zu lassen, was für ein Ja sich hinter Ihrem Nein verbirgt, selbst das Bewusstsein und Verständnis für sich aufzubringen, das Sie bisher unbewusst von anderen erwartetet haben. Und schließlich das zum Wesentlichen Ihrer Botschaft zu machen, was mit Ihrem gegenwärtigen Sein übereinstimmt.

Dass das anfänglich nicht leicht ist, weil es uns eine ungewohnte Sichtweise abverlangt und zwingt, einen bisher für uns selbst ziemlich unbenutzten Teil unseres Vokabulars anzuwenden, erlebe ich am Beginn jeder Therapie. Denn jeder Mensch, der sich selbst entschließt, eine Psychotherapie zu machen, weiß sehr genau, was er nicht mehr will. Zum Beispiel:

1. »Ich möchte nicht mehr so unsicher sein.«

2. »Ich will keine Angst mehr haben.«

3. »Ich will diese Schmerzen nicht länger ertragen.«

4. »Ich möchte mich nicht mehr so minderwertig fühlen.«

5. »Ich mag mich nicht mehr von jedem und allem fertig machen lassen.«

Und wenn ich den Menschen dann frage, weshalb er eine Therapie machen möchte und was er oder sie erreichen will, ist die Antwort meist erstauntes Schweigen oder: »Das hab' ich doch gerade gesagt.«

Der Weg zur Heilung ist jedoch nicht, alte Gedanken- oder Verhaltensmuster abzuschaffen oder die daraus entstandenen Symptome zu bekämpfen, sondern (wieder) in Kontakt mit den Fähigkeiten und Eigenschaften zu kommen, die unserem heutigen Sein entsprechen. Sie wachzurufen, zu nähren, zu stärken und zu leben löst von ganz allein die Verhaltensweisen auf, mit denen wir uns selbst im Wege stehen.

Doch solange wir nur diese benennen und sehen, erreichen wir unsere eigentlichen Ziele nicht. Deshalb ist es für jeden, der etwas in seinem Leben verändern möchte, wichtig, überhaupt erst einmal die richtigen Worte dafür zu finden, was er will und erreichen möchte. Und dazu bedarf es, wie ich mit Klienten immer wieder erlebe, anfänglich oft großer geistiger Anstrengungen.

Sind allerdings die größten innerlichen Hürden erst einmal überwunden, fällt es ihnen immer leichter, präzis zu formulieren, wo sie hinwollen, statt wovon sie wegwollen:

Zu 1.: »Ich möchte mich sicher in mir fühlen.«

Zu 2.: »Ich will das Gefühl haben, frei zu sein.«

Zu 3.: »Ich will gesunden.«

Zu 4.: »Ich möchte mir meines Selbstwertes bewusst sein.«

Zu 5.: »Ich möchte Verantwortung für mich übernehmen.«

Wenn auch Sie bisher meinten, sich Ihres gegenwärtigen Seins bewusst zu sein und sich klar und eindeutig verständlich zu machen, wenn Sie sagen: »Ich bin jetzt nicht im Büro«, überrascht es Sie vielleicht zu hören, dass Sie in einem solchen Moment weder in der Gegenwart sind noch sich selbst wahrnehmen. Ja, noch nicht einmal selbst verstehen, was Sie da sagen. Denn das gegenwartsbezogene und daher verneinungsunkundige Unterbewusstsein hört: »Ich bin jetzt im Büro« – und hat keineswegs so Unrecht damit. Wo Sie unbewusst mit Ihrer Aufmerksamkeit sind, ist da, wo Sie nicht sind: im Büro.

Vielleicht gehören Sie eher zu den Menschen, die bisher glaubten, mit Aussagen wie: »Ich will keinen Streit« unmissverständlich deutlich gemacht zu haben, dass Sie Frieden wollen, und nicht verstanden, warum der Streit trotzdem anfing oder weiterging. Nun, die Erklärung ist einfach: Das, was sowohl Ihr Unterbewusstsein als auch das der Person, mit der Sie Frieden anstrebten, hörte und wovon es ausging, war: »Ich will Streit.« Sie wussten zwar, dass Sie Frieden wollten. Doch womit Sie sich und Ihr Gegenüber sowohl emotional als auch geistig und verbal beschäftigt haben, war das Gegenteil.

Haben Sie sich auch schon hin und wieder gefragt, warum Sie so viel vergessen? Dann schauen Sie doch einmal in Ihrer Erinnerung nach, wie oft Sie unbewusst mit einer Verneinung Ihrem Unterbewusstsein jede Chance nahmen, Sie in Ihrem eigentlichen Vorhaben zu unterstützen. Denn mit Äußerungen wie:

»Oh, das habe ich nicht gemacht.«

»Daran habe ich nicht mehr gedacht.«

»Das darf ich nicht vergessen.«

ist es kein Wunder, dass Sie es auch weiterhin vergaßen. Sie haben sich förmlich darauf programmiert, nicht mehr daran zu denken. Was Ihr Unterbewusstsein speicherte, war: »Oh, das habe ich gemacht.« »Daran habe ich mehr gedacht.« »Das darf ich vergessen.«

Natürlich gibt es keinen Grund, nun jede Art von Verneinung aus Ihrem Wortschatz zu streichen. Als Nebensache zur Verdeutlichung der Hauptsache, also dessen, was Sie wirklich möchten, kann Verneinung sehr wohl zum besseren Verständnis beitragen. Allerdings nur, solange sie nicht allein im Raum stehen bleibt. Erst wenn Sie dort, wo Sie normalerweise stehen blieben, fortfahren, um dem Ausdruck zu geben, was sie möchten und wo Sie hinwollen, bringen Sie sich und andere auf den Weg dorthin.

Wenn Sie in dieser Weise von sich selbst oder mit sich selbst sprechen, werden Sie bald feststellen, dass es völlig unnötig ist, Verneinungen auszusprechen. Denn sobald Sie mit ihrer Hilfe zum Eigentlichen Ihrer Selbstwahrnehmung vorgedrungen sind, haben sie ihren Sinn erfüllt:

- Ich bin jetzt nicht im Büro → »Ich bin jetzt zu Hause.«

- Ich will keinen Streit → »Ich möchte Friede.«

- Oh, das habe ich nicht gemacht → »Oh, das mache ich jetzt lieber sofort.«

- Daran habe ich nicht mehr gedacht → »Gut, dass du mich daran erinnerst.«

• Das darf ich nicht vergessen → »Das schreibe ich mir jetzt besser auf« (damit ich es nicht vergesse → »damit ich daran denke«).

Wenn Sie den jeweils verneinenden und bejahenden Satz einmal nacheinander laut und bewusst aussprechen, werden Sie deutlich spüren können, welche Wirkung die jeweilige Formulierung auf Ihr Körpergefühl hat. Und welche von beiden Ihre Aufmerksamkeit dahin bringt, wo Sie wirklich sind oder hin möchten.

Was uns wirklich weiterbringt, ist nicht das, was wir von uns und anderen fordern, sondern das, was wir in uns fördern.

# 9   SCHULD

*»Ich bitte um Entschuldigung.«*

Stellen Sie sich vor, Sie kommen gereizt, erschöpft oder nervös nach Hause, schreien Ihr Kind wegen der Unordnung oder Ihre Frau wegen eines vergessenen Telefongesprächs an und liegen nun abends im Bett. Welche der beiden folgenden Empfindungen ist Ihnen geläufiger?
1. Sie erkennen, dass Ihre Reaktion übertrieben war, fühlen sich schuldig dem anderen gegenüber, entschuldigen sich am folgenden Tag bei Ihrem Kind oder Ihrer Frau und nehmen sich fest vor, in Zukunft ruhiger zu bleiben – um beim nächsten Mal festzustellen, dass es Ihnen wieder nicht gelungen ist.
Oder:
2. Sie sind nach wie vor sauer über die Unordnung oder Vergesslichkeit, beschuldigen den anderen innerlich des Ungehorsams oder der Gleichgültigkeit und geben ihm berechtigterweise, wie Sie glauben, auch noch die Schuld an der Missstimmung, die Sie empfinden.

Welches Verhalten auf Sie auch zutreffen mag, richtig ist keines von beiden. Denn weder das eine noch das andere wird Sie oder andere davor bewahren, den gleichen Fehler noch einmal zu machen.

Vorübergehende Ratlosigkeit – »Was kann ich denn sonst noch tun als die Schuld auf mich zu nehmen oder sie anderen zu geben« – ist an diesem Punkt ganz normal. Denn wann immer wir es mit Schuld im ganz alltäglichen, zwischenmenschlichen Bereich zu tun haben, glauben wir alle, nur zwei Möglichkeiten zu haben, mit Schuld umzugehen: Entweder geben wir sie anderen oder uns selbst.

Einen anderen Weg als Schuld zu verteilen, kennen wir nicht. Denn von Schuld erlösen, so hat man uns glauben gemacht, können wir uns selbst sowieso nicht. Es bleibt uns also gar nichts anderes übrig, als uns mit Schuldzuweisungen zu begnügen und uns unbewusst darauf zu beschränken, Schuldgefühle immer in Zusammenhang mit anderen Menschen zu bringen.

Sobald wir uns schuldig fühlen, richten wir unbewusst unsere Aufmerksamkeit sofort auf andere. Selbst wenn wir die Schuld nicht anderen, sondern uns geben, sind es die anderen, denen gegenüber wir uns schuldig fühlen. Sie sind es, bei denen wir uns entschuldigen und von denen wir

Entschuldigung erhoffen. Doch von Schuld befreit werden wir dadurch nicht, weil wir das außer Acht lassen, was wir uns selbst schuldig geblieben sind.

Nachdem ein Klient drei Tage hintereinander Sturm klingelte, wenn ihm nicht augenblicklich die Tür geöffnet wurde, und er sich wiederholt dafür entschuldigte, teilte ich ihm mit, dass ich das erste Klingeln deutlich höre, jedoch wegen der Größe der Räumlichkeiten immer einen Moment brauche, um den Türöffner zu erreichen.

In den folgenden Tagen schrillte die Klingel ungeduldig und mahnend wie zuvor. Nur mit dem Unterschied, dass der Klient nun jedes Mal mit einer neuen Entschuldigung die Praxis betrat. Als wir daran arbeiteten, was er sich schuldig geblieben war, um diesbezüglich weder Schuldgefühle noch das Gefühl zu haben, sich bei mir entschuldigen zu müssen, wurde ihm bewusst, dass er die innere Stimme überhört hatte, die ihn vor jeder Sturmklingelei warnte, das besser sein zu lassen und lieber noch etwas zu warten.

Indem er sich dessen bewusst wurde, hatte er sich zum ersten Mal etwas Konkretes verfügbar gemacht, was ihm half, seine Gewohnheit zu durchbrechen. Seither machte er nicht nur die Erfahrung, dass ihm nach einmaligem Klingeln geöffnet wurde, sondern auch, wie angenehm es ist, die Sitzungen ohne Schuldgefühle zu beginnen.

Obwohl wir uns alle immer wieder einmal schuldig fühlen, weiß kaum einer, richtig damit umzugehen. Und das, obwohl es die einzige Fähigkeit ist, die wir angeblich schon vor der Geburt voll entwickelt haben, also fix und fertig auf die Welt mitbringen.
Egal, ob unsere Väter Diebe oder Priester, unsere Mütter Huren oder Heilige waren und egal, ob wir uns selbst in unserem Leben gesetzwidrig verhalten würden oder nicht, wir sind schuldig, und zwar schon pränatal – wurde uns gesagt. Denn angeblich sollen wir Schuld als Erbsünde bereits seit Adam und Eva in den Genen haben.
»Erbsünde« steht nach der christlichen Lehre für die durch den Sündenfall Adams und Evas verschuldete Sündhaftigkeit des Menschengeschlechts.
Dabei wird gern übersehen, dass es die christliche Lehre erst seit zweitausend Jahren gibt und besagter Sündenfall möglicherweise nicht von Adam und Eva erzeugt, sondern in den Köpfen derer gezeugt wurde, die die Erb-Sündhaftigkeit des Menschengeschlechts erfanden: den Religionsstiftern, den ersten Gen-Spezialisten in der Geschichte der Menschheit. Über den Glauben haben sie uns das Gen einer Ur-Schuld injiziert und mit diesem Sün-

denfall den Selbstwert der gesamten Menschheit degradiert.

Doch wem hat diese geistige Manipulation gedient? Der Menschheit oder der Kirche? Und wer hat von ihr profitiert? Waren und wären die Menschen ohne diese Erfindung etwa nicht fähig, ein eigenes Fehlverhalten im Sinne eines entwicklungsnotwendigen Prozesses wahrzunehmen, wenn es einen konkreten Grund dafür gab oder gibt? Jesus jedenfalls schien noch dieser Meinung gewesen zu sein.

Als er mit seinen Jüngern durch die Lande zog, kamen sie an einen Ort, in dem gerade die Steinigung einer Ehebrecherin stattfinden sollte, und Jesus sprach: »Wer ohne Sünde ist, der werfe den ersten Stein.« Alle zögerten betroffen. Die schon zum Wurf erhobenen Arme senkten sich langsam wieder. Plötzlich flog doch ein Stein und traf die Ehebrecherin. Jesus schaute sich nach dem Werfer um und sagte: »Also Mama. Langsam gehst du mir auf die Nerven.«

Wie die verschiedenen Kulturen beweisen, ist die Genesis der Menschheit reine Auslegungssache. Hätte es also – wenn weniger machtgelüstige Menschen die Bibel in Auftrag gegeben hätten – nicht vielleicht auch so gewesen sein können, dass der berühmte, historische Sündenfall ein Fall in das Selbst-Bewusstsein war? Könnte es nicht sein, dass die beiden, die vom Baum der Weisheit aßen, sich ihrer selbst bewusst wurden und nun Menschen waren, die sich durch die Fähigkeit, ihr Selbst bewusst wahrzunehmen, vom Tier unterschieden?

Wer war denn schon wirklich dabei? Wer weiß, in welchem Tonfall der angebliche Rausschmiss aus dem Paradies wirklich stattgefunden hat? Könnte es nicht so gewesen sein, dass es eine ehrenvolle Entlassung in die Eigenverantwortlichkeit gewesen war? Dass Gott, der den Apfelbaum schuf, nach dem Biss in seine Frucht hocherfreut feststellte, dass seine Arbeit getan und seine Schöpfung nun vollkommen war, weil der Mensch sich nun selbst bewusst wahrnehmen, selbst auch geistig nähren und die ihm mitgegebenen Sinne nutzen konnte, um selbst zu spüren und zu erkennen, was gut und was schlecht, was richtig und was falsch für ihn war?

Mit der Einführung der »Erbsünde« griff man tief in unser Inneres ein, machte uns klein, indem man uns von vornherein schuldig fühlen ließ; und groß darin, anderen die Schuld zuzuweisen. Doch größer wurden wir dadurch nicht. Größer wurden nur die, die uns diesen Makel zusprachen. Die uns erniedrigten, um sich in Gottes Namen über uns erheben zu können und uns ihre »Hilfe« angedeihen zu lassen. Doch bessere Menschen wurden wir dadurch nicht.

Indem man uns glauben machte, dass andere (Adam und Eva) schuld an unserer Schuld seien, lehrte man uns nicht nur, jederzeit anderen die Schuld geben zu können. Man beraubte uns gleichzeitig ganz unauffällig unserer geistigen Selbstständigkeit und beschnitt damit auch das Bewusstsein unserer Eigenverantwortlichkeit.

Wenn man einen Nichtschwimmer vor der Biegung eines Flusses ins Wasser schmeißt, noch bevor er selbst lernen konnte zu schwimmen, und ihn weiter flussabwärts wieder rausfischt, steht man für alle, die die »Hilfe« nach der Biegung miterlebt haben, zeitlebens als Retter da. Und der so dem Ertrinken Entgangene wird, wenn man es früh genug macht, sein Leben lang Angst vor dem Wasser haben. Und davor, selbst schwimmen zu lernen. Ohne zu wissen, warum. Um sicherzustellen, dass er nicht doch irgendwann ins Wasser springt und im Fluss seines Lebens selbst die Verantwortung für sich übernimmt, nahm man ihm die Lust daran, indem man die Quelle des Flusses verschmutzte.

Schuld an der allgemeinen Verunreinigung waren Adam und Eva – das jedenfalls behaupteten die ersten Schuldzuweiser und so schrieben sie es auch in die Bibel, den Firmenalmanach der Kirche. Und seitdem es dort steht, gilt jeder, der glaubt, von Adam und Eva abzustammen oder von Christen gezeugt wird, als schuldig. Dass er das erst ein paar Jahre nach seiner Geburt lernt zu glauben – das Gen also erst postnatal über den Verstand injiziert bekommt – mit der abhängig machenden Nebenwirkung, anderen die Schuld zu geben –, kann wahrscheinlich nur dem bewusst werden, der seinen fremdbestimmten Geist heilt, indem er sich auf seine Selbst-Verantwortlichkeit besinnt. Nur dann kann er die wahre Qualität des Gefühls, sich schuldig zu fühlen, wiederentdecken und sich geben, was er sich selbst schuldig ist.

Denn vielleicht haben wir von Adam und Eva, die sich bis zur Eigenverantwortlichkeit durchbissen, nicht die Schuld geerbt, sondern die Fähigkeit, uns unserer *eigenen* Schuld bewusst zu werden: der Schuld, die wir uns selbst gegenüber haben.

Weder an dem Bewusstsein, sich jemandem gegenüber schuldig zu fühlen, noch an dem Bewusstsein, jemand etwas schuldig zu sein, ist etwas Falsches. Fatal ist nur, dass andere uns glauben machten, dass dieser Jemand ein anderer sei als wir selbst.

Sich schuldig zu fühlen ist in Wahrheit die unbewusste Erkenntnis, sich selbst etwas schuldig geblieben zu sein – nämlich die bewusste Erkenntnis, etwas besser machen zu können, als man es bisher getan hat.

Vielleicht sind wir uns dieses Bewusstsein seit zwei Jahrtausenden schuldig geblieben. Denn indem man uns den Glauben an die Ur-Schuld gab, lud man uns geradewegs dazu ein, Schuld unbewusst bei anderen zu suchen. Und so das Bewusstsein für uns selbst und die Verantwortung für die eigenen Gefühle auszuschalten. Wen wundert es da noch, dass wir Schuld nur im Zusammenhang mit anderen Menschen sehen und verstehen: Entweder haben sie Schuld oder wir fühlen uns ihretwegen schuldig, müssen uns bei ihnen entschuldigen oder zur Beichte gehen, damit andere die Schuld von uns nehmen.

Doch der Glaube, andere könnten uns von unseren Schuldgefühlen freisprechen, ist ebenso irreführend wie der Glaube, dass andere Schuld an unseren Missgeschicken und negativen Gefühlen sind. Auch der Glaube, jemand anderem etwas schuldig zu sein (Gesetzwidrigkeiten ausgeschlossen) ist eine Täuschung. Nichts von all dem wird uns wirklich von Schuldgefühlen befreien. Denn niemand außer uns selbst kann uns von der einzigen Schuld erlösen, die es gibt. Es ist die Schuld, die wir uns selbst gegenüber haben.

Solange wir Schuld nur verteilen – sie anderen geben oder auf uns nehmen – und sie nicht für die Erkenntnis nutzen, die dahinter steht, werden wir uns unbewusst weiterhin schuldig fühlen. Auch uns bei anderen zu entschuldigen, entbindet uns von der Schuld uns selbst gegenüber nicht. Denn: Erst wenn wir das eigene Bewusstsein ent-schuldigt haben, also bewusst erkennen, was wir uns selbst schuldig geblieben sind, werden wir diesbezüglich kein Schuldgefühl mehr haben – weder uns selbst noch anderen gegenüber.

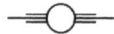

Sollten Sie sich beispielsweise über das, was Sie gerade lesen, ärgern und mich beschuldigen, Blödsinn zu erzählen, ist das eine gute Gelegenheit, einmal selbstverantwortlich mit Schuld umzugehen. Alles was Sie zu tun brauchen ist, sich bewusst zu fragen: »Was bin ich mir in diesem Zusammenhang schuldig geblieben?«, und die Antwort abzuwarten.

Damit wir uns richtig verstehen: Es geht nicht darum, nun sich selbst statt einem anderen die Schuld für etwas zu geben, sondern darum, sich das zu geben, was Sie sich selbst in dem jeweiligen Zusammenhang schuldig geblieben sind. Und dafür ist es nie zu spät.

Eine ehrliche Antwort wird in diesem Fall möglicherweise sein: »Ich hätte viel eher aufhören sollen weiterzulesen.« Wenn das Ihre Antwort ist, hören Sie auf sich selbst. Übernehmen Sie die Verantwortung für sich und geben Sie sich jetzt, was Sie sich seit Beginn Ihres Ärgers schulden. Tun Sie, was zu tun ist, damit Sie sich nicht mehr ärgern, statt einem anderen die Schuld dafür zu geben, dass *Sie* sich ärgern.

Wenn dem allerdings gar nicht so ist, erinnern Sie sich an eine Situation, in der Sie sich schuldig fühlten oder einem anderen die Schuld für etwas gaben, oder wählen Sie eine der beiden Varianten am Anfang des Kapitels:

Zu 1.: Sie waren tagsüber gereizt und nervös, haben Ihr Kind oder Ihre Ehefrau angeschrien und liegen nun abends im Bett, sehen ein, dass Ihre Reaktion übertrieben war und fühlen sich schuldig.

Stellen Sie sich nun bewusst folgende Fragen:

»Was bin ich mir selbst in dieser Situation schuldig geblieben? Was gilt es zu erkennen, um diese Erfahrung zu ent-schuldigen und sie nicht umsonst gemacht zu haben? Welche Erkenntnis schulde ich mir, die mir hilft, beim nächsten Mal keine Schuldgefühle zu haben?«

Für den einen wird die Antwort vielleicht sein:

»Ich habe schon während des Schreiens gemerkt, dass es nicht richtig, nicht angemessen ist so zu schreien, habe statt innezuhalten weitergebrüllt. Wenn ich in Zukunft gleich auf mich höre, brauche ich mich danach nicht schuldig zu fühlen.«

Für den anderen könnte die Antwort lauten:
»Ich habe mir nicht die Zeit gegeben, erst einmal ab-zuschalten, habe meinen Frust über XY an meinem Kind/meiner Frau ausgelassen. Beim nächsten Mal werde ich darauf achten, meinen Ärger nicht mit nach Hause zu nehmen.«

Was hilft Ihnen und Ihrem Kind oder Ihrer Frau wohl mehr und was wird Sie wirklich vor derartigen Situationen bewahren:

Wenn Sie sich dieses Bewusstsein schuldig bleiben und sich am nächsten Tag beim anderen entschuldigen?

Oder wenn Sie das ent-schuldigte Bewusstsein in Ihre Erklärung dem anderen gegenüber mitnehmen, es beim nächsten Mal bewusst einsetzen und entsprechend handeln?

Zu 2.: Sie waren wütend auf Ihr Kind/Ihre Frau, haben es/sie des Fehlverhaltens beschuldigt und geben ihm/ihr innerlich die Schuld für die Miss-stimmung, unter der Sie nun leiden.

Stellen Sie sich bewusst die Fragen:

»Welche Erkenntnis bin ich mir in dieser Situation selbst schuldig geblieben? Was gilt es zu erkennen, um diese Erfahrung zu ent-schuldigen und nicht umsonst gemacht zu haben? Welche Erkenntnis bin ich mir schuldig geblieben, um beim nächsten Mal niemand anderem diese Schuld zuzuweisen?«

Eine mögliche Antwort ist:

124

»Ich habe gar nicht gemerkt, dass ich mich einfach überfordert fühlte. Ich glaubte, wütend zu sein über die Unordnung oder die Vergesslichkeit/ Gleichgültigkeit des anderen. Doch in Wahrheit hatte ich Angst, dass das Aufräumen oder Telefonieren auch noch an mir hängen bleibt.«

Können Sie fühlen, dass Sie in diesem Bewusstsein ein geradezu erleichterndes Verständnis für sich und solche Situationen bekommen und auch dem anderen geben, wenn Sie ihm sagen: »Weißt du, ich habe gemerkt, wenn so etwas passiert, kriege ich Angst, dass ich neben all der anderen Arbeit auch noch hier Ordnung machen/telefonieren muss und fühle mich dann einfach überfordert.«

Wodurch, meinen Sie, entwickelt Ihr Kind/Ihre Frau mehr Verständnis und Bereitschaft, Sie zu unterstützen: Durch diese ent-schuldigende Selbsterkenntnis oder durch Ihr beschuldigendes Geschrei?

Sicher können Sie schon jetzt spüren, dass es Ihnen beim nächsten Mal leicht fallen wird, sich zu erinnern, dass Unordnung nicht gleich heißt, dass Sie aufräumen müssten. Und wo kein Stressgefühl ist, braucht man auch niemandem die Schuld dafür zu geben.

Wenn Ihnen jetzt ein Beispiel einfällt, »wo das aber bestimmt nicht funktioniert«, lassen Sie sich nicht länger von Ihrem Verstand daran hindern,

neue Erfahrungen zu machen, nur weil er das Ge-
wohnte für das Sicherste hält. Fragen Sie ihn lieber, ob seine Methode Ihnen wirklich geholfen
hat, sich weiterzuentwickeln. Nämlich Ihnen immer gerade dann von den Gefahren des Badens
im reißenden Wildbach zu erzählen, wenn es für
Sie darum geht, erst einmal im Swimmingpool
schwimmen zu lernen. Teilen Sie ihm mit, dass es
sicher erfolgversprechender ist, das Neue erst einmal überall dort zu üben und auszuprobieren, wo
es möglich ist, und nicht das am Anfang noch unmöglich Erscheinende herauszupicken. Wenn Sie
nett mit ihm reden, können Sie sicher sein, dass er
einverstanden sein wird. Und sobald er ein paar
Mal erlebt hat, dass Sie tatsächlich schwimmen
können, wird er auch nichts mehr dagegen haben,
wenn Sie sich in den Wildbach wagen.

# 10 Sicherheit

*»Das geht mit Sicherheit schief.«*

Für den einen bedeutet Sicherheit: Ehe und Familie oder finanzielle Rücklagen. Ein anderer glaubt, sie in Verträgen, Versicherungen und Vereinbarungen zu finden. Ein Dritter versteht unter Sicherheit vielleicht, keinen einzigen Fehler mehr zu machen oder sich alles erlauben und leisten zu können.

Jeder hat seine eigene, ganz individuelle Vorstellung von Sicherheit. Und doch haben alle, die Sicherheit suchen, eines gemeinsam: die Hoffnung auf etwas, das es nicht gibt, Sicherheit als Dauerzustand. So wird die Suche nach dem, was es nicht gibt, zu dem, was übrig bleibt: ein Dauerzustand. Denn kaum ist man dort, wo man sich in Sicherheit wähnt, ist verheiratet und hat Familie oder hat sein Leben, seine Krankheiten, ja sogar seinen Tod versichert, tut nichts mehr oder alles, um keine Fehler zu machen, oder kann sich nun endlich alles leisten – ist der Inhalt von Sicherheit schon wieder zu etwas mutiert, das erneut in der Ferne liegt.

Etwas, für das wir dann von Neuem einen Rahmen schaffen, in dem wir uns hoffentlich endgültig sicher fühlen können.

Es ist wie mit einem kostbaren Bild, dem Sie einen stabilen Rahmen geben und das Sie an einen sicheren Platz hängen, damit Sie die Sicherheit haben, dass es sicher ist. Doch können Sie, kaum dass das Bild hängt, sicher sein, dass nicht jemand dagegen stößt und es herunterfällt? Sicher, wenn Sie es festschrauben. Doch können Sie, wenn Sie es festgeschraubt haben, immer noch sicher sein, dass nicht jemand kommt und es zerkratzt? Sicher. Wenn Sie ein Glas davor machen. Doch können Sie, wenn daheim mal die Tassen fliegen, sicher sein, dass das Glas nicht zerspringt und dass die Scherben das Bild nicht beschädigen? Sicher. Wenn Sie Panzerglas nehmen. Doch können Sie sicher sein, dass nicht ein Dieb kommt und ...

Was immer wir auch tun, endgültig sicher fühlen werden wir uns nie, weil es keine endgültige Sicherheit gibt.

Das einzig Sichere an Sicherheit ist, dass sie unsicher ist.

Trotzdem verbringen die meisten Menschen einen großen Teil ihres Lebens in dem Bestreben, irgendwann endlich die ersehnte Sicherheit zu erlangen. Rennen hinter etwas her, das in der Wirklichkeit nicht vorhanden ist. Weder als das, was sie unbewusst darunter verstehen, noch dort, wo sie es suchen.

Nicht dass es unmöglich wäre, sicher zu sein oder sich sicher zu fühlen. Doch Menschen, die Sicherheit suchen, sind unbewusst hauptsächlich damit beschäftigt, genau das zu tun, was es ihnen unmöglich macht, sicher zu sein. Sie wollen etwas sein, das sie irgendwo in der Ferne sehen. Suchen das Gefühl dort, wo es nicht zu fühlen ist: in der Zukunft und in äußeren Umständen.

Der Sicherheit-Suchende will das Unbekannte im Vorhinein kennen und bezieht dabei meist die gesamte Zukunft mit ein. Er will nicht nur vor, sondern auch in ihr sicher sein. Was schlichtweg unmöglich ist, weil sich *sein* ausschließlich auf die Gegenwart bezieht.

Der Wunsch nach Sicherheit ist der Wunsch, das Unbekannte/Unsichere im Voraus zu etwas Bekanntem/Sicheren werden zu lassen. Um das zu erreichen, sind viele bereit, sich ein X für ein U vorzumachen, indem sie die Zukunft im Kopf zur Gegenwart umgestalten. Manche gehen sogar so weit, ein U für ein X zu nehmen, indem sie die gesicherte Vergangenheit im Geist über die Zukunft legen und zur sicheren Gegenwart deklarieren:

Sie stellen eine alte, bereits gemachte Erfahrung in ihrer Vor-Stellung vor sich hin, scheuen sich auch paradoxerweise nicht, für diesen gedanklichen

Vorgang immer eine negative, entmutigende Erfahrung zu wählen und über-legen damit die mögliche neue Erfahrung. Legen also die alte, bekannte
über die neue und – schwups – sind sie wieder in
Sicherheit: Fühlen sich gegenwärtig sicher, dass es
»ja doch nur wieder genauso sein wird wie beim
letzten Mal«. Und glauben somit, sicher zu sein,
dass – oder weil – sie auf die neue Erfahrung verzichten können.

Doch im Gewohnten zu verharren, ist keineswegs
identisch mit Sicherheit. Sicherer werden Sie nicht,
indem Sie sich das hinter Ihnen Liegende vorstellen, sondern nur, indem Sie das vor Ihnen Liegende hinter sich bringen. Sicherheit wächst nur durch
Erfahrungen.

Was Sie sicher sein lässt, ist weder die Vorstellung
eines negativen Ereignisses noch die Sicherheit
eines hinter Ihnen liegenden Erlebnisses. Was Sie
wirklich sicherer macht, Ihnen tatsächlich Klarheit
und damit auch Sicherheit verschafft, ist das Ergebnis, das nach der vor Ihnen liegenden neuen Erfahrung auf Sie wartet. Erst wenn Sie das Unbekannte
kennen gelernt haben, haben Sie das Un-Sichere
zu etwas Sicherem gemacht.

Unsicher ist das Unbekannte nur, solange es unbe-
kannt ist.

Sicherer wird das Neue nicht, je länger Sie damit
warten, sich darauf einzulassen. Sicherer wird es,

je eher Sie es er-leben. Denn die einzigen Erfahrungen, die sicher sind, sind gemachte Erfahrungen, nicht gedachte. Erfahrungen, die Sie nur
denken, sich vorstellen oder über-(die Tat)legen,
nähren Ihr Sicherheitsgefühl nicht. Sie lassen es
verhungern. Denn weder die Erinnerung an den
Geschmack einer bereits gegessenen Suppe
noch die Vorstellung einer frischen machen wirklich satt.

Vor einem neuen Erlebnis sicher zu sein, dass Sie
mit ihm lediglich ein altes Ergebnis wiederholen,
lässt Sie nur glauben, einen Schritt vorwärts getan
und sich gesättigt zu haben. In Wahrheit speisen
Sie sich mit der Sicherheit eines alten, also bereits
gesicherten Ergebnisses ab. Diese Sicherheit wird
Sie niemals sicherer machen, weil das geistige Auf-
wärmen alter Erfahrungen Sie nicht reicher an Erfahrungen macht.

Wenn Sie mit dieser Sicherheit die Zukunft betrachten, wird Ihnen bald der Mut fehlen, sich
überhaupt noch auf etwas Neues einzulassen.
Denn mit Bildern der Vergangenheit in die Zukunft zu sehen, lässt Sie mit Sicherheit in der Vergangenheit stehen. Dort, wo alles sicher ist, weil
das Vergangene schon gelebt und damit gesichert
ist. Dort sind Sie in Sicherheit. Doch sich sicher
fühlen, sicher sein oder sicherer werden und sich
weiterentwickeln können Sie nur, wenn Sie auf

Sicherheit im Vorhinein und dauerhafte Sicherheit verzichten.

Es ist vor allem die Substantivierung mancher Begriffe, die uns in die Falle lockt, gedachte Erfahrungen als gemachte zu betrachten und uns daran hindert, Fähigkeiten zu entwickeln, die wir gern haben würden. Denn die Substantivierung dessen, was wir sein oder fühlen wollen, benennt zwar das Ziel, das wir erreichen möchten. Was dabei jedoch verloren geht, ist die Beschreibung des Weges, weil das Hauptwort die Hauptsache verschluckt: nämlich das Verb, das uns zum Ziel führt.

Indem wir ein Verb – auch Tätigkeitswort oder Tuwort genannt – substantivieren, also zu einem Dingwort machen, stellen wir das, was eigentlich zu tun wäre, als Tatsache hin. Wodurch wir dem Irrtum unterliegen, unsere Ziele nicht mehr in der Tat, sondern in der Sache zu sehen. Statt Taten zu verwirklichen, gibt es nur noch Tatsachen zu erzielen.

Weil uns der Hinweis auf die entsprechende Tätigkeit fehlt, sind wir gezwungen, Ersatzverben zu erfinden. So suchen wir zum Beispiel Menschen, mit denen wir Freundschaft schließen können, wünschen uns endlich Ruhe oder sehnen uns nach einem Leben voller Liebe. Tun damit jedoch nichts anderes als irgendwelchen unbewussten Vorstellungen, die wir von dem vermeintlichen Inhalt dieser Begriffe haben, nachzulaufen und wundern uns, warum unser Bemühen vergeblich ist.

Das kann sich sehr schnell ändern, wenn Sie das in dem Dingwort enthaltene Tuwort wieder entdecken und das, was Sie erreichen wollen, anfangen in die Tat umzusetzen. Wenn Sie also Freundschaften wollen, tun Sie das, was zu tun ist, um sich Freunde zu schaffen. Sollten Sie sich nach einem Leben voller Liebe sehnen, fangen Sie an, liebend zu leben. Und ruhen Sie öfter mal, statt sich Ruhe zu wünschen.

Wenn Sie Sicherheit wollen, besagt das, dass Sie sicher *sein* wollen. Seien Sie sicher, dass das, worin Sie noch unsicher sind, genau das ist, was es durch die entsprechende Erfahrung zu sichern gilt. Mehr Sicherheit kann nur aus neuen Erfahrungen wachsen. Und neue Erfahrungen können Sie am leichtesten machen, wenn Sie sich von der Unsicherheit nicht verunsichern lassen.

Nur weil etwas un-sicher ist, heißt das noch lange nicht, dass es gefährlich wäre. Es heißt schlichtweg, dass es noch nicht sicher ist, mehr nicht. Unsicherheit zeigt lediglich an, dass Sie im Begriff sind oder die Möglichkeit haben, eine tatsächlich neue Erfahrung zu machen.

Unsicherheit ist kein Gradmesser für Gefahr, sondern dafür, wie neu etwas für Sie ist.

Wenn Sie sich vor einer Handlung sicher fühlen, können Sie sicher sein, keine wirklich neue Erfahrung zu machen. Entweder weil Sie schon zu viel Erfahrung darin haben. Oder weil Sie glauben, sie zu haben und sicher sind, darauf verzichten zu können.

Nur wenn Sie sich vor einer Handlung unsicher fühlen, können Sie sicher sein, dass Sie etwas wirklich Neues vorhaben. Denn das Einzige, woran Sie das Neue erkennen, ist, dass es unsicher ist.

Hören Sie also auf, sich zu fragen, ob etwas gut oder schlecht ausgeht. Machen Sie sich stattdessen bewusst, ob das, was Sie vorhaben zu tun, das ist, was Sie wirklich wollen. Hören Sie auf das, was Ihre Intuition Ihnen rät und lassen Sie sich ohne Wenn und Aber darauf ein. Wenn es tatsächlich neu ist, stehen die Chancen, eine gute oder eine schlechte Erfahrung zu machen, mindestens fifty-fifty.

Sicher wird die Erfahrung in jedem Fall sein, allerdings erst, wenn Sie sie hinter sich haben. Erst dann können Sie wirklich sicher sein, ob das Ergebnis Ihnen entspricht oder nicht. Denn sicher ist nicht das, was gut wird. Sicher ist nur das, was Sie erlebt haben.

Um sicherer zu werden, kommt es nicht darauf an, wie viel gute und wie viel schlechte Erfahrung Sie machen, sondern darauf, was Sie daraus lernen, wenn Sie sie gemacht haben. Wirkliche Sicherheit finden Sie weder in den äußeren Umständen noch in der Zukunft oder Vergangenheit, sondern nur in sich selbst, im Jetzt und in Ihren Taten.

Eine Klientin, die sich bisher immer nach den Wünschen anderer gerichtet hatte, kam unter anderem zu mir, weil sie sich nicht mehr in der Lage sah, mit ihrem Mann ein Gespräch zu führen, ohne dass es im Krach endete. Er benutze jede Gelegenheit, sie zu schulmeistern, und habe an allem, was sie tat und sagte, etwas auszusetzen.

Gegen Ende der ersten Therapiewoche bat ich sie, ihrem Mann klar und bestimmt mitzuteilen, dass es sie verletzt, wenn sie ständig zurechtgewiesen und geschulmeistert wird, und dass sie das nicht mehr möchte. »Ich bin hundertprozentig sicher, wenn ich das mache, reicht er die Scheidung ein«, war ihre spontane Antwort. Denn bei der Vorstellung, ihm das zu sagen, hatte sie sofort seine bisherigen Reaktionen vor Augen.

Dass sie sich selbst unbewusst in diesen Erinnerungen mit einer Frau verglich, der die Dinge, die sie inzwischen über sich erkannt hatte, nicht bewusst waren, war ihr in dem Moment nicht klar. Sie hatte nur daran gedacht, was in der Vergangenheit passiert war, wenn sie sich ängstlich zur Wehr setzte, in Tränen ausbrach oder sich beleidigt zurückzog. Doch dann erinnerte sie sich, dass sie ihre Aufmerksamkeit, Achtung und Einstellung sich selbst gegenüber in der Zwischenzeit drastisch geändert hatte und sich ihrer Eigen-Verantwortlichkeit bewusst war.

Ich forderte sie auf, sich dieses neue Bewusstsein zu vergegenwärtigen, wenn sie mit ihrem Mann spricht. Am nächsten Tag war sie immer noch völlig baff über seine unerwartete Reaktion: »Das tut mir sehr Leid. Es war nie meine Absicht, dich zu bevormunden oder zurechtzuweisen. Ich werde in Zukunft darauf achten, es nicht mehr zu machen.«

# 11  SORGEN

*»Ich mache mir solche Sorgen!«*

Es gibt nur zwei Wege, sich Sorgen zu machen:
Entweder Sie sind gesund und machen sich Sorgen, krank zu werden, oder Sie sind krank.

Wenn Sie gesund sind, haben Sie keinen Grund,
sich Sorgen zu machen.

Wenn Sie krank sind, gibt es nur zwei Wege, sich
Sorgen zu machen: Werde ich gesund oder werde
ich sterben?

Wenn Sie gesund werden, haben Sie keinen
Grund, sich Sorgen zu machen.

Wenn Sie sterben, gibt es nur zwei Wege, sich Sorgen zu machen: Komme ich in den Himmel oder
in die Hölle?

Wenn Sie in den Himmel kommen, haben Sie keinen Grund, sich Sorgen zu machen.

Wenn Sie in der Hölle landen, werden Sie so
beschäftigt sein, alte Freunde zu begrüßen, dass
Sie keine Zeit haben werden, sich Sorgen zu machen.

Sorgen sind also so überflüssig wie ein Solarium am Strand. Das soll nicht heißen, dass wir nicht alle hin und wieder echte Probleme haben. Doch das Problem ist nicht, dass wir Sorgen haben. Das Problem ist, dass wir unsere Probleme durch Sorgen unnötig vergrößern, in die Länge ziehen und oft sogar erst erschaffen.

Wer sich Sorgen macht, behebt nicht das Problem, sondern spielt mit ihm. Sich Sorgen zu machen ist nichts weiter als ein intellektueller Zeitvertreib. Ein Spiel, das ebenso beliebt ist wie »Mensch, ärgere dich nicht«. Nur mit dem Unterschied, dass man es auch allein spielen kann. Es heißt »Mensch, sorge dich nicht«. Der Effekt ist der gleiche. Man spielt es, um genau das zu verhindern, was man bekommt. Oder um genau das zu bekommen, was man verhindern will. Denn ebenso wie beim »Mensch, ärgere dich nicht« der Ärger vorprogrammiert ist, bewirkt auch das »Mensch, sorge dich nicht« genau das Gegenteil von dem, was es verspricht. Wer mit Sorgen spielt, bekommt garantiert welche.

Um Sorgen zu haben, muss man sich Sorgen machen.

Einen anderen Weg, wirklich welche zu bekommen, gibt es nicht. Sorgen sind nicht etwas, was wir haben, wie Intelligenz oder Gefühle. Sie sind auch nicht etwas, was andere Menschen uns abverlangen oder was uns durch widrige Umstände auferlegt wird.

Sorgen sind etwas, was wir selbst fabrizieren. Denn: Sich Sorgen zu machen, so glauben wir, ist der Beweis dafür, dass wir die Dinge nicht auf die leichte Schulter nehmen. Dass wir uns damit das Leben unnötig schwer machen und meist das Gegenteil von dem bewirken, was wir erreichen wollen, sind Nebenwirkungen, über die wir dann unseren Arzt oder Apotheker befragen.

Wer sich Sorgen macht, löst keine Probleme. Er vertieft sie.

Statt für einen positiven Ausgang zu sorgen, werfen wir ein Netz negativer Gedanken über den Weg dorthin. Weben ein Hirngespinst aus bedrückenden, ängstigenden Vorstellungen, mit denen wir glauben, unsere Zukunft erleichtern und erhellen zu können. Jeder, der sich Sorgen macht, spinnt ein solches Netz im Glauben und in der Hoffnung, dass es ihn oder einen anderen in der Zukunft auffangen möge. Doch was wir durch Sorgen erwirken, ist kein widerstandsfähiges Netz, das uns irgendwann auffangen wird. Es ist ein Netz, das uns bereits in der Gegenwart einfängt, weil es aus inneren Widerständen gegen die Zukunft besteht.

Indem wir uns Sorgen machen, spinnen wir uns in unserem Geist Visionen zusammen, denen es unbedingt aus dem Weg zu gehen gilt, damit sie sich in Zukunft ja nicht verwirklichen. Dass wir uns dadurch bereits beim Spinnen in dieses negative Gedankennetz verwickeln und verfangen, wird uns nicht bewusst, weil wir zu sehr mit unseren Sorgen beschäftigt sind. Denn sich von ihnen gefangen nehmen zu lassen, ist der sicherste Weg, um Schwierigkeiten aus dem Weg zu gehen, weil Sorgen uns zum Stillstand bringen – nicht nur unser Bewusstsein für die Realität ausschalten, sondern auch unsere Handlungsfähigkeit lähmen.

Wer sich Sorgen macht, will nicht in der Zukunft, sondern vor der Zukunft sicher sein. Er projiziert so lange Horrorvisionen in sie hinein, bis es ihm gerechtfertigt scheint, am besten gar nichts zu unternehmen, um sicherzugehen. Kurz gesagt, wer sich Sorgen macht, hat entweder nicht den Mut oder ist zu faul, etwas zu tun. Er denkt lieber negativ, statt positiv zu handeln.

»Ich mache mir Sorgen« heißt nichts anderes als das, was Sie damit sagen. Sie stellen etwas her, das es, wenn Sie es nicht machen würden, nicht gäbe – womit Sie sich einen großen Gefallen täten. Denn Sorgen sind nicht das, was sie vorgeben zu sein. Sie schaffen weder Überblick noch Gelassenheit, sondern nur Druck, Angst und Engsichtigkeit. Sind nicht Visionen, die Sie sicherer machen, sondern Furcht erregende Gedanken, mit denen Sie sich verunsichern und sich den Mut nehmen zu handeln.

Statt Ihren Blick auf das Ziel zu richten, führen Sie

sowohl die eigene als auch die Aufmerksamkeit anderer in die Irre. Der eine sagt Ihnen, wie Recht Sie haben, und fügt Ihren Webmustern seine eigenen hinzu. Ein anderer meint, dass Sie sich doch um X oder Y keine Sorgen zu machen brauchen. Er versucht also, das Netz, das Sie ihm vor Augen halten, zu zerstören. Was Sie wahrscheinlich veranlasst, es nur noch stabiler zu weben. Beide stärken das Hirngespinst also ungewollt gleichermaßen. Sie wissen jetzt, dass Sie sich entweder die richtigen oder die falschen Sorgen machen, ohne zu merken, dass Sie sich so oder so etwas vormachen.

Sich zu sorgen ist etwas, von dem wir glauben, dass wir es tun müssten, weil wir uns sonst etwas vormachen würden und leichtfertig wären. Tatsache ist jedoch, dass wir uns mit jeder Sorge etwas vormachen und ohne sie sicher leichter fertig würden. Denn mit Sorgen kreieren wir Trugbilder. Nehmen etwas an, was wir in Wahrheit gar nicht haben wollen.

»Ich habe aber Sorgen«, wird nun der ein oder andere vielleicht sagen, um damit zu widerlegen, dass er sich die Sorgen selbst macht. Recht hat er. Er macht sie sich nicht. Er hat sie sich bereits gemacht. Was er hat, ist das fertige Produkt dessen, was er mit seinen Befürchtungen bewirkt hat. Wer das ausschließen kann und trotzdem der Meinung ist, Sorgen zu haben, hat keine Sorgen, sondern ungelöste Probleme. Doch Probleme lösen wir nicht, indem wir uns sorgen, sondern indem wir Entscheidungen treffen und handeln.

Die Frage ist nicht, ob unsere Sorgen begründet sind. Gründe, um uns Sorgen zu machen, werden wir immer finden. Die Frage ist, was wir mit Sorgen bewirken und was wir unbewusst mit uns selbst anstellen, während und indem wir uns Sorgen machen.

Mit Sorgen wollen wir das Schlimmste verhindern. Da meist akut nichts Schlimmes da ist, nehmen wir etwas Schlimmes an: Wir denken uns die negativsten Möglichkeiten aus, die wir uns vorstellen können, nennen sie Sorgen und geraten in Panik, weil wir uns zu Recht völlig überfordert fühlen, das zu verhindern, was wir nun in Gedanken vor uns sehen. Wenn dann auch noch wohl programmiert eintritt, was wir innerlich längst angenommen hatten, empfinden wir das als Bestätigung dafür, wie Recht wir hatten, uns Sorgen zu machen. Dass die Sorgen jedoch nicht verhütet haben, was wir mit ihnen zu verhindern planten, sondern es womöglich bewirkten, wird dabei gern übersehen.

Planen ist das Ersetzen des Zufalls durch Irrtum.

Der Irrtum ist zu glauben, das Unbekannte könne durch Bekanntes ersetzt werden. Wer sich Sorgen macht, begeht einen noch größeren Irrtum. Er plant, sich mit Horrorvisionen, die er selbst kreiert, vor seinen eigenen Kreationen zu schützen. Er will das Schlimmste durch die Vorstellung des Schlimmsten verhindern.

In Wahrheit ist es jedoch so, dass die Dinge, die wir planen, genau die sind, die sich verwirklichen. Wobei es keine Rolle spielt, ob wir nun planten, sie zu verhindern, oder planten, sie zu erreichen. Denn das, was wir uns vorstellen, ist das, was wir vor unserem geistigen Auge sehen. Und was wir innerlich vor uns sehen, ist das, wo wir uns innerlich hinbewegen.

Wenn Sie sich Sorgen machen, malen Sie sich ein Gruselschloss mit allen Zutaten. Eines, das Sie entweder irgendwann einmal bewohnt haben oder auf keinen Fall bewohnen möchten; setzen es in Gedanken vor sich hin, erschrecken furchtbar darüber: »Ich habe solche Angst, dass...« und sind nun nur noch damit beschäftigt, das selbst gemalte Bild überall zu suchen, um ihm ja aus dem Weg zu gehen.

Hätten Sie das Unbekannte auf sich zukommen lassen und Ihrer Fähigkeit vertraut, spontan entscheiden zu können, ob Sie nun reingehen wollen oder nicht, wenn Sie tatsächlich vor einem Gruselschloss stehen, hätten Sie es gar nicht zu malen brauchen. Hätten es auch nicht zu verhindern planen müssen und müssten keine Angst davor haben, ihm irgendwann zu begegnen.

Natürlich ist nichts Falsches daran, Pläne zu schmieden. Doch wer sich Sorgen macht, plant Ärger und Missgeschick, steigt von vornherein innerlich in einen Zug, in dem er nicht sitzen möchte. Und beginnt so bereits in der Gegenwart etwas zu verwirklichen, was er eigentlich verhindern will – nämlich Angst vor der Zukunft zu haben.

»Angst fressen Seele« – dieser Filmtitel drückt sehr treffend aus, was passiert, wenn Sie sich Sorgen machen. Denn im Hirngespinst Ihrer Sorgen sind Sie Spinne und Fliege zugleich.

Es gibt zwei Weg mit Problemen umzugehen. Entweder Sie machen sich Sorgen und lassen Ihre Energie von ihnen auffressen oder Sie setzen Ihre Energie ein und sorgen mit allen Ihnen zu Gebote stehenden Mitteln für eine gute Lösung. Sie können sicher sein, dass Sie mit jeder Tat mehr bewirken als mit allen Sorgenspinnereien. Denn dorthin zu sehen und zu gehen, wo Sie hinmöchten, bringt Sie mit Sicherheit weiter und Ihrem Ziel näher, als sich lähmende Gedanken darüber zu machen, wo Sie nicht hinwollen. Überlegen Sie also nicht länger, wie Sie das Schlimmste verhindern können. Stellen Sie sich das Beste vor und handeln Sie entsprechend.

Haben Sie zum Beispiel, wenn Sie Ihre Zukunft vor Augen hatten, dort schon einmal ein Märchenschloss, also ein rundum erfreuliches, Ihre Wünsche erfüllendes Bild hingemalt? Und es so oft erneuert und dort stehen gelassen, bis Sie selbst dort angekommen waren?

Klienten, die sich große Sorgen machten und die ich aufforderte, sich einmal eine besonders positive Vorstellung vom Ausgang der Situation zu machen, um die sie sich sorgten, reagierten prompt und alle gleich: »Damit würde ich mir doch nur etwas vormachen!« Und doch hatte ich sie um nichts anderes gebeten, als das zu tun, was sie sowieso schon taten. Neu war nur der Inhalt dessen, was ich sie bat, sich vorzustellen. Dass sie sich mit ihren Sorgen mindestens genauso viel vormachten wie mit einer positiven Betrachtungsweise, war ihnen nicht bewusst. Anfangs bezweifelten sie das sogar. Wir sind es so gewohnt, negativ in die Zukunft zu schauen, dass wir das, was wir aus dieser Perspektive heraus sehen, als realistisch empfinden. Was uns ob dieser Gewohnheit abhanden gekommen ist, ist das Bewusstsein, dass unsere negativen Erwartungen nichts anderes sind als das, was auch schöne, beglückende, Erfolg versprechende Zukunftsvisionen sind: nämlich Einbildungen. Vorstellungen, die wir uns ausdenken. Bilder, die unserer Phantasie entspringen.

Mit beiden machen wir uns etwas vor. Der einzige Unterschied liegt in der Wirkung, die diese inneren Bilder auf uns haben. Sie ist das einzig Reale. Denn was wir uns vorstellen, entscheidet darüber, mit welcher Einstellung wir der Zukunft entgegengehen: verängstigt und gebremst oder ermutigt und zuversichtlich.

Welche unserer Vorstellungen sich bewahrheitet, hängt nicht von ihrer Nähe zur Realität, sondern von ihrem Inhalt ab. Unangenehme Inhalte sind nicht wirklichkeitsnäher als angenehme. Wir haben nur mehr Übung darin, sie uns vorzustellen.

Ungewohnte Vorstellungen sind also nicht unrealistischer als die gewohnten. Sie sind nur unrealisierbarer. Denn das, was sich in Ihrem Leben verwirklicht, hängt nicht zuletzt von den Möglichkeiten ab, die Sie sich geistig gegeben haben. Denn:

Nur das, was Sie sich vorstellen können, können Sie auch verwirklichen.

Was Sie sich noch nicht einmal in Ihrer Phantasie trauen auszumalen, werden Sie im wahren Leben kaum meistern oder verkraften können. Solange Ihnen der Mut fehlt, die Erfüllung Ihrer Wünsche und Hoffnungen zu visualisieren, können Sie davon ausgehen, dass Sie mit deren Verwirklichung überfordert wären. Und in dieser Beziehung ist das Schicksal ziemlich rücksichtsvoll, wie Sie vielleicht schon bemerkt haben.

146

Vielleicht können Sie nicht sofort damit aufhören, sich Sorgen zu machen. Sie können jedoch sofort damit anfangen, für sich und/oder andere zu sorgen, indem Sie etwas tun, was Sie schon gut können: Nutzen Sie die Kraft Ihrer Gedanken. Machen Sie sich Gedanken – und zwar solche, die das Leben, Ihre Aktivitäten und die Fähigkeiten Ihrer Mitmenschen bejahen!

Denken Sie einmal an etwas, über das Sie sich bisher Sorgen gemacht haben. Schauen Sie sich bewusst an, wie negativ Ihre Vorstellungen diesbezüglich über sich oder andere waren. Löschen Sie diese Bilder vorübergehend aus. Suchen Sie nun genauso intensiv, wie Sie es bisher in die andere Richtung getan haben, nach positiven, bejahenden Aspekten und Möglichkeiten. Malen Sie sich diese in allen Einzelheiten aus.

Statt sich zum Beispiel vorzustellen: »Das, was ich hier lese, probiere ich gar nicht erst aus, das schaffe ich nie«, stellen Sie sich bildlich vor, wie Sie es ausprobieren und eine neue Erfahrung machen. Welche, brauchen Sie noch gar nicht zu wissen. Die Antwort auf die Frage: »Welche Vorstellung würde mich ermutigen, mich darauf einzulassen?« ist womöglich schon eine neue Erfahrung.

Lassen Sie sich nicht von dem Widerstand irritieren, den Sie am Anfang vielleicht empfinden werden. Es ist nicht Ihr Wirklichkeitssinn, der Sie jetzt davon ab-

bringen will, sondern nur die Macht der Gewohnheit. Was Sie tun, ist nicht unaufrichtig, sondern nur
ungewohnt aufrichtend. Es ist nicht unwirklicher als
das, was Sie bisher gemacht haben. Malen ist Malen.
Sie geben Ihren inneren Bildern nur neue, ungewohnte Inhalte und sich und Ihrem Erleben neue
Möglichkeiten. Sie mobilisieren keine verkehrten,
sondern lediglich umgekehrte Energien: Statt sich
über die Zukunft Sorgen zu machen, bestimmen Sie
die Zukunft fürsorgend mit.

Statt zum Beispiel zu sagen: »Ich mache mir solche
Sorgen, dass mein Kind sitzen bleibt«, sagen Sie
einmal laut: »Ich sorge dafür, dass mein Kind die
Unterstützung bekommt, die es braucht.« Wenn
Sie sich wirklich hinter das stellen, was Sie da entscheiden, wird sich Ihr Geist schlagartig von dort
in Bewegung setzen, wo die Sorgen ihn bisher gefangen gehalten hatten. Ihnen werden fast automatisch diverse Möglichkeiten einfallen. Möglichkeiten, die sich Ihnen aus der inneren Umstellung wie
von selbst offenbaren. Zum Beispiel: Ich könnte
dafür sorgen, dass mein Kind eine Zeit lang Nach-
hilfeunterricht bekommt; könnte selbst mehr Zeit
mit dem Kind verbringen; es aufbauen, statt unter
Druck zu setzen etc.

Im ersten Moment mögen diese Einfälle vielleicht
unmöglich erscheinen, da sorgend sein – ganz anders als sich Sorgen machen – einen tatsächlichen

Einsatz von Ihnen fordert. Bei näherer Betrachtung wird jedoch die eine oder andere Möglichkeit realisierbar sein. Auch wenn diese das Problem nicht sofort löst, wird Ihr Kind dadurch eher vor dem Sitzenbleiben bewahrt als durch alle Sorgen, die Sie sich bisher gemacht haben oder noch machen würden.

Ein Klient machte sich seit einem halben Jahr furchtbare Sorgen, seinen Job zu verlieren. Der Auslöser war eine zweideutige Bemerkung seines Arbeitskollegen gewesen, der er entnahm, dass sein Arbeitsplatz gefährdet sei. Obwohl es keinerlei Anzeichen dafür gab, begann er überall nach Hinweisen zu suchen. Und verbrachte bald Nächte damit, sich vorzustellen, wie sein Leben zusammenbrechen würde, wenn man ihm tatsächlich kündigen sollte.
Als er die Therapie begann, fühlte er sich kaum noch fähig, seine Arbeit, in der er ein Spezialist war, ordentlich auszuführen. Er litt unter Minderwertigkeitsgefühlen, Depressionen, massiven Schlafstörungen und stellte ebenso empört wie verzweifelt fest: »Ich bin überhaupt nicht mehr ich selbst, seitdem ich mich mit dieser Sorge herumschlage.«
Auf die Frage, was sein Selbst ihm raten würde zu tun, um dafür zu sorgen, sich ab sofort keine Sor-

gen mehr über eine Kündigung zu machen, kam es wie aus der Pistole geschossen: »Na, zum Chef gehen und Klartext mit ihm reden. Dann wüsste ich endlich Bescheid und könnte entweder wieder in Ruhe meine Arbeit machen oder müsste mich schnellstens nach einem neuen Arbeitsplatz umsehen.«

Am nächsten Tag war sofort zu sehen, dass er für sich gesorgt hatte. Strahlend berichtete er, dass sein Chef aus allen Wolken gefallen war und ihm in diesem Zusammenhang endlich mal gesagt hatte, wie wertvoll seine Arbeit für die Firma sei. Das habe ihm ausgesprochen gut getan, erzählte er und fügte hinzu, dass sein Chef seine Veränderung ganz falsch gedeutet hat: Er hatte angenommen, dass er vorhabe zu kündigen, und sich deshalb schon große Sorgen gemacht.

Als ihm die Komik dessen, was er gerade gesagt hatte, bewusst wurde, fing er laut zu lachen an.

# 12 VERSUCHE

*»Okay, ich versuche es.«*

Etwas zu versuchen ist reine Zeitverschwendung. Kaum einer, der schon vieles in seinem Leben versucht hat, ahnt, wie viel Zeit und Energie er mit seinen Versuchen von vornherein vergeudet hat. Viele kennen zwar das Gefühl, »dass alles umsonst war«. Doch kaum einer weiß, dass das, was er tatsächlich tun wollte, bereits vor dem Realisieren zum Scheitern verurteilt war. Nicht, weil es falsch war, sondern weil – so paradox es klingen mag – er es versucht hat.

Wie oft haben Sie schon versucht, etwas zu tun oder zu lassen? Wie oft haben Sie versucht, etwas zu ändern, zu erreichen oder einfach zu machen, und sind, trotz all Ihrem Bemühen, an Ihren Versuchen gescheitert? Wenn Sie es wirklich versucht haben, wird die Antwort »meistens« oder zumindest »oft« sein.

Doch die Antwort auf die Frage, wie es dazu kam, ist vielleicht bis heute unbeantwortet geblieben – selbst wenn Sie viele Gründe hatten, die Sie dafür verantwortlich machten. Die Antwort ist:

Wenn Sie etwas versuchen, lassen Sie sich in Wahrheit keine andere Wahl, als zu versagen.

Weiterentwicklungsansätze beginnen meist, indem wir erkennen, dass wir etwas suchen und uns bewusst machen, was wir finden möchten. Doch sobald wir bereit sind, es zu versuchen, haben wir bereits versagt. Denn jeder Versuch setzt nicht nur Versagen, sondern vor allem Entsagen voraus.

Jeder, der etwas versucht, entsagt von vornherein dem Gelingen seines Vorhabens. Denn unbewusst kalkuliert er das Versagen fest mit ein, weil er es unbewusst für sicherer hält, lieber vor dem Meistern des Unbekannten zu scheitern als womöglich mittendrin oder gar noch später, wenn er es schon gemeistert hat.

Wenn jemand etwas Neues zu erreichen sucht, zum Beispiel einen Berg zu besteigen, garantiert der Versuch zwar den Beweis seiner Bereitschaft – womit die meisten sich und andere zufrieden gestellt glauben. Vor allem jedoch garantiert der Versuch vermeintliche Sicherheit. Die Sicherheit, sich auch weiterhin im Rahmen des Bekannten aufzuhalten. Denn mit jedem Versuch sichern wir uns bereits im Vorfeld ein Scheitern in erträglichem Rahmen:

Jemand, der *versucht*, einen Berg zu besteigen, kann ohne Gefahr so viele Anläufe nehmen und gerade so weit gehen, solange ein Versagen ein bequemer Rückwärtsspaziergang bleibt. Denn in Ermangelung der Erfahrung des Unbekannten kommt die Vorstellung eines Scheiterns hinter der Grenze des Bekannten oder gar auf dem Gipfel des zu Erreichenden einem Absturz gleich.

Nicht, dass wir dort oben tatsächlich in Gefahr wären zu scheitern. Denn die Gefahr des Versagens lauert nicht, wie wir glauben, erst dort oben. Sie steckt bereits in dem *Ver*-such, der das *Ver*-sagen – das *Ent*-sagen oder *Nein*-sagen zu dem, was wir suchen – in sich birgt. Solange wir nicht über den Versuch hinausgehen, stecken wir also bereits mitten im Versagen. Die Ursache dafür liegt nicht in dem, was wir suchen, sondern in der Vorsilbe »*Ver*«. Denn häufiger, als wir ahnen, fungiert sie als Negation des ihr folgenden Verbs und verwandelt ganz unbemerkt unser eigentlich initiiertes Handeln noch vor seiner Verwirklichung in das Gegenteil.

Was eine auf diese Weise *ver*-kehrte – also unbewusst *um*- oder *weg*-gekehrte – Deutung und Benutzung eines Wortes anrichten kann, spiegelt sich am deutlichsten in dem so häufig benutzten Begriff ver-suchen wider.

Sobald ich mir vornehme, etwas zu *ver*-suchen, teile ich mir unbewusst mit, dass ich es *nicht*-suchen, sondern verkramen oder anderweitig verschwinden lassen muss. Ich sage und plane also etwas ganz anderes, als ich zu sagen glaube. Und *ver*-sage schließlich, weil ich unbewusst von vornherein meinem eigentlichen Vorhaben *ent*-sage; mir das Gelingen indirekt sogar *ver*-biete: die Chance *nicht*-biete zu finden, was ich suche, und mir lediglich die Möglichkeit *ver*-schaffe = *nicht*-schaffe, zu erreichen, was ich möchte.

Jeder Versuch ist also schon vor seiner Realisierung zum Scheitern verurteilt, weil der Begriff in sich mitteilt, dass es hier nicht um die eigentliche Tat, eine Suche und damit um einen Entwicklungsschritt geht, sondern in Wirklichkeit um dessen Vermeidung.

Indem Sie *versuchen, etwas zu tun*, ersetzen Sie unbewusst das eigentliche Tätigkeitswort Ihrer Absicht, nämlich tun, durch das Ersatzverb versuchen und schicken sich damit automatisch mitten hinein in eine Ersatzhandlung und somit in die Nichtverwirklichung Ihres eigentlichen Vorhabens. Wenn Sie versuchen zu springen oder versuchen, Ihre Meinung zu sagen, leiten Sie unbewusst Ihre Aufmerksamkeit und Energie nicht in die Aktivität des Sprungs oder des Sagens Ihrer Meinung, sondern in den Versuch als vermeintliche Tat – was Sie früher oder später unweigerlich zu dem Schluss bringen wird, versagt zu haben.

Die Ursache des Scheiterns liegt jedoch nicht nur darin, dass Sie etwas anderes machen, als Sie meinen entschieden zu haben, sondern vor allem darin, dass Sie sich nicht wirklich entschieden haben. Versuche sind immer ein Beweis dafür, dass keine wirkliche Entscheidung getroffen wurde.

Jeder, der etwas versucht oder versuchen will, glaubt, sich für oder gegen etwas entschieden zu haben. Doch tatsächlich ist jeder Versuch ein Zeichen dafür, dass keine definitive Entscheidung stattgefunden hat. Ein Versuch findet immer anstelle einer Entscheidung statt.

Wer etwas versucht, gibt unbewusst nur vor, eine Entscheidung getroffen zu haben. Eine Vorgabe, mit der er sich und anderen vormacht, sich auf etwas Neues einzulassen. Schließlich beweist sein Versuchen, dass er das Neue nicht *ver*-neint. Doch nicht *nicht*-nein zu sagen heißt nicht, ja zu sagen.

Sicher haben auch Sie in der Vergangenheit geglaubt, ja zu sagen, wenn Sie etwas versuchten. Doch unbewusst galt dieses Ja mehr der Zukunft als der Gegenwart und weniger dem Gelingen als dem Ver-such, war also eher ein Nein als ein Ja. Wenn Sie nun genug von dem »Ver« haben und Lust verspüren, einmal wirklich ja zu sich und Ihrer Handlungsbereitschaft in der Gegenwart zu sagen, beenden Sie (vielleicht ein letztes Mal) folgende Sätze:

*Ich habe beschlossen, zu versuchen,* ........................

........................................................................

*Ich will versuchen,* ....................................................

........................................................................

*Ich versuche schon lange,* ..........................................

........................................................................

*Ich bin bereit, zu versuchen* ......................................

........................................................................

*Ich werde versuchen,* ................................................

........................................................................

*Ich versuche immer* ....................................................

........................................................................

Führen Sie die Liste beliebig fort. Wenn Sie fertig sind, streichen Sie aus jedem Satz das Wort versuchen und bilden Sie mit dem eigentlichen Verb des Satzes einen Gegenwartssatz. Sie werden feststellen, dass häufig allein schon durch die Streichung des Wortes versuchen die Zukunft zur Gegenwart und Ihr Versuch zu einer Entscheidung wird.
Zum Beispiel:
Ich habe beschlossen, zu versuchen pünktlich zu sein.

Ich habe beschlossen, pünktlich zu sein.

Ich will versuchen, das Wort »versuchen« aus meinem Wortschatz zu streichen.

Ich streiche das Wort »versuchen« aus meinem Wortschatz.

Ich versuche schon lange meine eigene Meinung zu sagen.

Ich sage ab jetzt meine eigene Meinung – und so weiter.

Sprechen Sie dann nacheinander jeweils den alten und den neuen Satz langsam und deutlich laut aus. Spüren Sie, was dadurch geschieht? Das, was beim Versuchen in weiter Ferne zu liegen schien, ist auf einmal so nah, dass man es tatsächlich noch im gleichen Moment ausprobieren könnte.

Sollte sich allerdings auf diese Weise herausstellen, dass Sie sich unbewusst etwas vorgenommen hatten, was unrealistisch oder gar unmöglich ist:

Ich versuche immer, es allen recht zu machen.

Ich mache es immer allen recht,

brauchen Sie sich nun nicht mehr zu wundern, warum Ihnen das nie gelungen ist – und hören hoffentlich auf, es zu versuchen.

Was Sie möchten, verwirklicht sich nicht, wenn Sie es endlich einmal, oder noch öfter, oder intensiver versucht haben. Was Sie wirklich möchten und realisierbar ist, verwirklichen Sie, sobald Sie aus dem Versuch zu handeln eine Entscheidung zu handeln gemacht haben.

Sollte Ihnen das zu schnell gehen oder noch ein bisschen zu viel sein, gibt es keinen Grund zu erschrecken oder sich unter Druck zu setzen. Alles, was Sie zu tun brauchen, ist, einfach aufhören zu sagen, dass Sie etwas »versuchen wollen«, »versuchen werden« oder »versuchen«. Warten Sie ab, bis Sie so weit sind, die bewusste Entscheidung zu treffen, etwas zu machen oder zu lassen, und bereit sind, ab sofort Ihrer Entscheidung entsprechend zu handeln.

Wenn Sie etwas fünfmal versuchen zu tun und fünfmal versagen, geben Sie spätestens nach dem sechsten Mal ganz auf. Wenn Sie etwas entscheiden zu tun, es fünfmal machen und fünfmal scheitern, legen Sie spätestens nach dem sechsten Mal richtig los.

# 13 VERTRAUEN

*»Ich vertraue dir wirklich.«*

»Ich vertraue dir« – Wer hat das nicht schon einmal gesagt? Und wer hört das nicht gern? Ob es Ihnen allerdings noch so leicht über die Lippen kommen oder so schmeichelnd in die Ohren gehen wird, wenn Sie dieses Kapitel gelesen haben, bleibt dahingestellt. Denn was Sie tatsächlich tun und in Ihnen vorgeht, wenn Sie einem anderen vertrauen oder wenn ein anderer Ihnen vertraut, ist möglicherweise etwas ganz anderes, als Sie bisher annahmen.

Wer einem anderen vertraut, vertraut keinem anderen. Er vertraut sich entweder selbst oder niemandem.

Wer zu einem anderen Menschen sagt: »Ich vertraue dir«, traut, ohne es zu merken, entweder einzig und allein seinem eigenen Gefühl, sich an die richtige Person gewandt zu haben. Also vertraut er sich selbst. Oder er traut seinen eigenen Gefühlen nicht und wendet sich deshalb an die andere Person. Also vertraut er nicht dem anderen, sondern nur sich selbst nicht. Welches von beiden auf ihn zutrifft, weiß er selbst nicht, weil niemand, der einem anderen vertraut, mit seiner Aufmerksamkeit bei sich ist. Wäre er sich seiner bewusst, würde er entweder sagen: »Ich traue mir.« Oder: »Ich traue mir nicht.«

Wenn Sie also als Erwachsener meinen, einem anderen zu vertrauen, irren Sie sich. Denn das Vertrauen in eine andere Person ist nur möglich, solange wir uns unserer selbst noch nicht bewusst sind.

Die Sicherheit und Geborgenheit, die Sie durch einen anderen zu empfinden glauben, entspringt dem Vertrauen in Ihr eigenes Gefühl dem anderen gegenüber. Selbst wenn Sie in Gott vertrauen, vertrauen Sie unbewusst in erster Linie Ihrem Empfinden, dass das, was Sie tun, das Richtige ist. Oder Sie tun es, weil Sie sich selbst nicht vertrauen. Dann können Sie es ebenso gut lassen, in Gott zu vertrauen. Denn wenn Sie noch nicht einmal dem eigenen Gefühl vertrauen, fühlen Sie in Wahrheit gar kein Vertrauen. Auch das nicht, das Sie meinen zu haben oder denken, anderen entgegenzubringen.

Vertrauen ist eine Oase im Herzen, die von der Karawane des Denkens nie erreicht wird.

Wenn Sie einem anderen vertrauen, *denken* Sie nur, dass Sie das tun. Fühlen können Sie es nicht.

160

Was Sie unbewusst fühlen, ist entweder Hoffnung, dass ... oder Unsicherheit, ob ... es richtig ist, was Sie sich einreden. Das ist Ihr echtes Gefühl. Sie spüren es nur nicht, weil Sie, statt nach innen zu fühlen, mit Ihrer Aufmerksamkeit nach außen gegangen sind.

Wer einem anderen vertraut, denkt unbewusst auch, dass er dem anderen damit eine Ehre erweist oder sich selbst etwas Gutes tut. Doch wenn Sie einem anderen Menschen Ihr Vertrauen schenken, verschenken Sie etwas, was Sie in solchen Momenten selbst dringend brauchen. Geben etwas her, was für den anderen nicht unbedingt ein Geschenk ist, weil Sie ihm damit möglicherweise mehr aufladen als dieser tragen kann oder ihm lieb ist. Denn wer sich auf einen anderen verlässt, verlässt sich selbst, um sich auf dem Buckel des anderen niederzulassen – und verschenkt damit das, was ihn selbst tragen würde: Das Bewusstsein, nur sich selbst wirklich trauen zu können.

Eine junge Frau, die zu einem ersten Gespräch gekommen war, sagte mir gleich zu Beginn, dass sie zwar nur Gutes von meiner Arbeit gehört habe. Ausschlaggebend dafür, dass sie überhaupt hier sitze und sich eventuell auf eine Therapie einlassen würde, sei jedoch, dass ich eine Frau bin. Mehr wollte sie anfänglich nicht dazu sagen.

Wie sich im Laufe des Gesprächs herausstellte, hatte sie vor einigen Jahren schon einmal eine Therapie gemacht und war von dem Therapeuten mehrfach unsittlich berührt worden. Auf die Frage, wieso sie sich das habe gefallen lassen, erklärte sie: »Ich habe dem Mann blind vertraut. Ich dachte, das gehört zur Therapie. Er hat auch so was gesagt. Trotzdem war es mir fürchterlich unangenehm und ich hatte jedes Mal Angst hinzugehen.« Bei der Erinnerung schüttelte sie sich am ganzen Körper: »Furchtbar. Aber bei Ihnen kann mir das ja nicht passieren. Ihnen kann man ja wohl vertrauen«, meinte sie mit einem verbindlichen Lächeln. Sie war sichtlich schockiert, als ich ihr mitteilte, dass sie das nicht könne und auch nicht tun sollte, egal, bei wem sie noch einmal eine Therapie mache.

Erst als ich fortfuhr und ihr erklärte, warum ihre Einstellung in keinem Fall eine gute Basis für eine erfolgreiche Therapie sei, entspannten sich ihre Züge. Denn sie konnte nun nicht mehr umhin zu erkennen, dass ihre Erfahrung ihr sehr deutlich gezeigt hatte, was passieren kann, wenn man seine eigenen Gefühle überhört und anderen mehr vertraut als sich selbst.

Gerade in einer Therapie, in der man viel offener ist als gewöhnlich, ist es, um sich sicher fühlen zu können, unbedingt erforderlich, die Verantwortung für sich zu übernehmen. Das heißt, den eigenen Empfindungen zu vertrauen und es sofort zur Sprache zu bringen, wenn etwas nicht stimmig ist oder sich nicht richtig anfühlt. Denn auch wenn das meiste, worauf man sich in einer Therapie einlässt, neu und ungewohnt ist, kann man sehr wohl unterscheiden, ob etwas nur ungewohnt, unangenehm und schwierig ist. Oder ob es sich einfach nicht korrekt anfühlt. Man braucht nur immer wieder nach innen zu hören, um das herauszufinden, und sollte es so schnell wie möglich mitteilen, auch wenn man Angst davor hat. Wenn der Therapeut oder die Therapeutin nicht würdigend damit umgehen, ist man am falschen Platz. Und je eher man das erkennt, umso besser. »Denn wenn es Ihnen noch nicht einmal im geschützten Rahmen einer Therapie gegeben ist, Verantwortung für sich selbst zu übernehmen, wo wollen Sie dann damit beginnen?«, fragte ich die Frau.

Einen Moment lang saß sie schweigend da. Dann lächelte sie: »Obwohl ich zugeben muss, dass ich zuerst schon ein bissl erschrocken war über das, was Sie sagen, leuchtet es mir total ein. Es fühlt sich auch richtig an. Also vertraue ich einfach mal *meinem* Gefühl: Ich möchte gern eine Therapie bei Ihnen machen. Ich bin auch bereit, die Verantwortung für mich zu übernehmen, hoffe allerdings, dass Sie mich dabei unterstützen werden.« Was ich ihr gern bestätigte.

Als wir einige Zeit später mit der Therapie begannen, erzählte sie, dass unser Gespräch nachgewirkt hatte. Ihr sei zum ersten Mal bewusst geworden, wie sehr sie anderen vertraut. In der Zwischenzeit hatte sie oft Gelegenheit gehabt, es einmal anders zu machen und auf sich selbst zu hören. »Das hat so einiges an meiner Einstellung mir und anderen Menschen gegenüber geändert. Und ich habe gemerkt, dass das nicht nur wichtig für mich ist, sondern oft auch sehr angenehm für andere war.«

»Ich vertraue dir« ist also keineswegs so erstrebenswert, wie viele meinen. Weder für die eine noch für die andere Seite. Dass es trotzdem jeder gern sagt oder hört, liegt daran, dass das, was möglicherweise jeder von uns lieber hören würde: »Ich vertraue mir« uns so selten zu Ohren kommt. Wir sagen eher: »Ich habe einfach kein Vertrauen zu mir.« Das ist jedoch noch lange kein Grund zu glauben, es anderen geben zu können. Denn kein Mensch *hat* Vertrauen, weder zu sich selbst noch zu anderen. Deshalb kann er es auch niemandem geben.

Wer Vertrauen hat, macht sich etwas vor. Denn Vertrauen ist nicht etwas, was wir haben, so wie wir Hunger haben. Alles, was wir in puncto Vertrauen haben können, ist viel, wenig oder keine Erfahrung damit, uns selbst vertraut zu haben. Wir können es weder fühlen, bevor wir handeln, noch verteilen, statt zu handeln. Wir können es nur durch unser Handeln realisieren und deshalb auch nur, während wir handeln, empfinden.

Vertrauen ist das, was wir verwirklichen, wenn wir ein Gefühl, ein Bedürfnis oder unsere innere Stimme wahrnehmen und entsprechend agieren. Also unserem Selbst vertrauen, indem wir es verwirklichen. Die Unsicherheit, die wir dabei empfinden, ist ganz natürlich. Unsicher sind wir nicht, weil wir nicht wissen, ob wir unserem eigenen Gefühl vertrauen können, sondern weil uns die Übung fehlt, es zu tun.

Der Irrtum, den vielleicht auch Sie immer wieder begehen, ist zu glauben, Ihrer eigenen Intuition nur folgen zu können, wenn Sie sich Ihrer Sache oder ihrer Folgen sicher sind. Doch wenn Sie das, was Sie vorhaben zu tun, schon gut können und auch die Folgen bereits kennen, ist es unmöglich, echtes Vertrauen zu verwirklichen. Realisieren können Sie Vertrauen nur, wenn Sie sich etwas zutrauen und es tun, obwohl Sie sich über den Ausgang noch unsicher sind.

Unsicher zu sein ist nicht, wie die meisten meinen, eine Garantie dafür, dass etwas Schlimmes oder Gefährliches passiert. Die Unsicherheit, die Sie empfinden, ist lediglich ein Hinweis darauf, ob und wie neu das, was Sie vorhaben zu tun, ist.

Aus dem, was Sie kennen und können, können Sie zwar Vertrauen schöpfen. Neues Vertrauen werden Sie jedoch nur durch die Verwirklichung des Ungewohnten oder Unbekannten gewinnen. Und hierbei ist es in jedem Fall sicherer, sich auf sich selbst einzulassen, als sich gerade dann (auf andere) zu verlassen, wenn Sie sich selbst am dringendsten benötigen. Denn sich wirklich vertrauen können Sie nur, wenn Sie bewusst bei sich sind.

Nur Sie allein können fühlen, ob sich das, worauf Sie sich einlassen wollen oder eingelassen haben, richtig anfühlt oder nicht. Nur Sie allein können überprüfen, ob Sie selbst ein gutes Gefühl dabei haben. Und nur Sie allein können beurteilen, ob sich eine Empfindung, der Sie Folge leisten, nicht nur für Sie, sondern auch in Ihnen gut und richtig anfühlt. Nur wenn dieses Gefühl nach Abwägen des Für und Wider in Ihnen ist und Sie es an dem, was Sie tun, bewusst beteiligen, können Sie darauf vertrauen, dass Sie das für Sie und alle Beteiligten Richtige tun. Und sich deshalb – auch wenn es nicht immer gleich erkennbar ist – das Richtige daraus entwickeln wird.

Selbst wenn es so scheint, als ob sich Ihr wahres Empfinden nur auf diesen Moment bezieht, weil es sich nur in diesem Moment richtig anfühlt, heißt das nicht, dass sich in Zukunft etwas Falsches daraus ergibt. Da Sie sich nur in der Gegenwart be-

wusst wahrnehmen können, können Sie auch nur
das auf den Augenblick bezogene Gefühl spüren –
und sich trotzdem darauf einlassen. Denn Ihr Unterbewusstsein weiß viel mehr, als Ihnen bewusst
ist, und ist immer auf Ihrer Seite. Verwirklichen
kann es sein Wissen jedoch nur, wenn Sie darauf
hören, das heißt, sich selbst vertrauen.

Sich selbst zu vertrauen bedeutet: Das Empfinden,
das Ihr Selbst bejaht, wahrzunehmen, sich des daraus entstehenden Handlungsimpulses bewusst zu
werden; nicht sicher zu sein, was passiert, wenn
Sie ihm folgen, und trotzdem zu handeln.

Wer sich selbst vertraut, traut sich im doppelten
Sinn: »Ich traue mir.« → »Ich traue mich.« Tun sollten Sie es allerdings nur, wenn Sie auch bereit sind,
die Verantwortung für die Folgen zu übernehmen.
Denn aufzuhören, anderen blindlings zu vertrau-
en, bedeutet keineswegs, sich nun unbesehen alles selbst zuzutrauen.

Wenn Sie bisher Ihrem Arzt oder Kfz-Mechaniker
vertraut haben, heißt das nicht, dass Sie ab jetzt
darauf vertrauen sollten, sich oder Ihr Auto selbst
reparieren zu können. Sie brauchen nur anzufangen, das Vertrauen, das Sie bisher verschenkten,
sich selbst zu geben. Nur Sie können spüren, ob
Sie sich bei einem Menschen gut aufgehoben
fühlen oder ob Ihr Auto in guten Händen ist. Wenn
Sie Ihr eigenes Empfinden diesbezüglich bewusst

wahrnehmen und erkennen, dass das nicht der Fall ist, sollten Sie entweder mit dem anderen darüber sprechen oder sich schnellstens einen neuen Arzt oder Mechaniker suchen.

Nur weil ein anderer Mensch auf einem bestimmten Gebiet mehr weiß als Sie, ist er nicht mehr wert. Er weiß nur mehr auf seinem Gebiet. Das heißt nicht, dass er als Mensch wertvoller ist und Ihr Vertrauen mehr verdient als Sie. Wenn Sie seine Hilfe in Anspruch nehmen, ist Ihnen sein Wissen sicher einiges wert. Doch nur weil Sie dafür berechtigterweise zur Kasse gebeten werden, brauchen Sie weder Ihr Selbst herzugeben noch das zu verschenken, was für Sie das Wichtigste ist, wenn Sie sich einem anderen Menschen anvertrauen. Und das ist Selbst-Vertrauen.

Selbst-Vertrauen ist das einzige Vertrauen, das real und realisierbar ist. Denn Sie selbst sind der Einzige, der Ihre Empfindungen wirklich fühlt und spüren kann, ob sie sich gut und richtig anfühlen oder nicht.

Wenn Sie zu den Menschen gehören, die sich gern vertrauen würden und auch bereit sind, es zu tun, sobald sie das Vertrauen zu sich endlich haben, dann hören Sie auf, zu den Menschen zu gehören, die sagen: »Ich möchte so gern Klavier spielen können, aber den Klavierdeckel hebe ich erst hoch, die Tasten rühre ich erst an, wenn ich Klavier spielen kann und sicher bin, keinen Fehler zu machen.«

Mit dem Selbstvertrauen ist es wie mit dem Klavierspielen. Man muss einfach damit anfangen. Nicht die richtigen, sondern die falschen Töne sind es, aus denen wir lernen. Das Können wächst nur durch Üben. Hören Sie also auf, noch länger darauf zu warten, bis Sie endlich Vertrauen zu sich spüren. Mehr Vertrauen als jetzt werden Sie zu sich selbst nie haben, wenn Sie nicht damit beginnen, sich zu vertrauen. Je eher Sie Ihr Vertrauen erfahren, umso eher werden Sie die Gewissheit haben, sich vertrauen zu können.

Wenn Sie nicht wissen, wo Sie anfangen sollen, starten Sie am besten dort, wo Sie aufgehört haben: Wem haben Sie zuletzt vertraut? Oder wem vertrauen Sie zurzeit? Ihrem Mann, dass er Sie nicht betrügt? Ihrer Frau, dass sie Sie liebt? Oder Ihrem Kind, dass es seine Hausaufgaben auch allein ordentlich macht? Spüren Sie das unsichere Gefühl, das Sie dabei trotzdem haben? Fühlen Sie die Abhängigkeit, die dadurch entsteht, dass Sie sich unbewusst auf die Taten und Gefühle anderer verlassen?

Machen Sie sich bewusst, dass Sie die Verantwortung für etwas, woran Sie emotional beteiligt sind, abgegeben haben. Holen Sie die Verantwortung für sich zu sich selbst zurück. Nehmen Sie Ihre eigenen Gefühle wahr. Trauen Sie sich, bewusst zu spüren, was Sie, unabhängig von dem anderen, selbst empfinden.

Wenn Sie das Gefühl – nicht den Gedanken oder die Vorstellungen – haben, dass Ihr Mann Sie betrügt, ändert Ihr Vertrauen in ihn nichts daran. Ändern Sie selbst etwas. Sprechen Sie mit Ihrem Mann darüber. Sich zu vertrauen, schließt nicht aus, sich auch mal zu irren. Sollte sich herausstellen, dass Sie sich nicht geirrt haben, können Sie darauf vertrauen, dass Sie dann wissen werden, ob Sie trotz dieser Gewissheit weiter mit ihm leben oder sich einen anderen Mann suchen wollen.

Wenn Sie das Gefühl haben, dass Ihre Frau Sie liebt, vertrauen Sie *Ihrer* Empfindung und relaxen Sie in das Bewusstsein hinein, geliebt zu werden. Das ist in jedem Fall angenehmer und sicherer, als den Aussagen Ihrer Frau zu vertrauen und tief drinnen doch zu zweifeln.

Wenn Sie das Gefühl haben, dass Ihr Kind seine Hausaufgaben allein nicht bewältigen kann, vertrauen Sie nicht auf das Gegenteil, sondern auf sich selbst und geben Sie Ihrem Kind die Hilfe, die es braucht.

Wenn dagegen Ihr Gefühl Ihnen sagt, dass Ihr Kind das allein schaffen wird, nehmen Sie bewusst wahr, dass es Ihr Gefühl ist, dem Sie vertrauen, und nicht dem Kind. Dann können Sie, wenn sich herausstellen sollte, dass Sie sich geirrt haben, auch leichter erkennen, dass Ihr Kind Sie zwar enttäuscht hat. Doch wer Sie ge-täuscht hatte, waren Sie selbst.

Dieses Bewusstsein wird es Ihnen erleichtern, auch die Verantwortung dafür selbst zu übernehmen statt Ihr Kind anzuschreien. Denn möglicherweise haben Sie es Ihrem Kind, das Sie netterweise ent-täuscht hat, zu verdanken, dass Ihnen nun klar geworden ist, dass es, um sich wirklich vertrauen zu können, besser ist, in Zukunft auch auf die zarteren Stimmen in sich zu achten, die Sie diesmal wahrscheinlich noch überhört hatten.

Wenn Sie bereit sind, nur noch sich selbst zu vertrauen und sich auch die Fehler erlauben, die notwendig sind, um das zu entwickeln, was Ihnen noch fehlte, dann werden Sie immer sicherer werden, sich vertrauen zu können – und könnten sich eigentlich jedes Mal, wenn Sie ent-täuscht werden, freuen, statt in Traurigkeit oder Zorn auszubrechen. Denn jede Ent-Täuschung weist darauf hin, dass Sie sich unbewusst entweder auf jemand anderen verlassen und die Verantwortung abgegeben haben. Oder Sie haben, wenn Sie von sich selbst ent-täuscht sind, nicht das getan, was Sie getan hätten, wenn Sie Ihrem Selbst wirklich vertraut hätten.

# 14  ZEIT

*»Die Zeit nehme ich mir*
*jetzt einfach.«*

»Ich sollte mir wirklich die Zeit nehmen, obwohl ...«
»Ich müsste mir mehr Zeit nehmen, damit ...«
»Ich werde mir irgendwann die Zeit nehmen, um ...«
»Ich kann mir einfach die Zeit nicht nehmen, weil ...«
Ist Ihnen mindestens einer dieser Sätze vertraut?
Dann kennen Sie sicher auch die Sorge, dass Sie in
Schwierigkeiten geraten würden, wenn Sie sich
tatsächlich die Zeit nähmen, denn ... Und schon
tickt das Damoklesschwert drohender Konsequenzen
zen wie ein riesiges Zeitpendel über Ihnen: Keine
Zeit! Keine Zeit! Doch die Ursache Ihres Zeit-
mangels liegt nicht, wie Sie meinen, in den Befürchtungen und Gründen, die Sie bisher dafür verantwortlich machten. Nicht in den Wenns und Abers
hinter dem Komma, sondern vor dem Komma: in
dem Wort *nehmen.*
Wer das Wort nehmen im Zusammenhang mit
Zeit benutzt, wird immer ein Zeitproblem haben,

egal wie viel Zeit er sich nimmt. Nicht, weil ihm die Zeit fehlt oder davonläuft, sondern weil seine geistige Uhr nachgeht. Er ist einer von den vielen Menschen, die als Erwachsene immer noch unter dem Jetlag ihrer Reise aus der Kindheit leiden, weil sie vergessen haben, ihre innere Uhr auf Erwachsensein umzustellen.

Wenn auch Sie manchmal das unerfüllbar scheinende Bedürfnis haben, sich Zeit zu nehmen, halten Sie einen Moment inne und fragen Sie sich einmal, welche die prägenden Botschaften waren, die Sie als Kind direkt oder indirekt im Zusammenhang mit Zeit vermittelt bekamen. Als ich zum Beispiel den Zeitdruck, unter dem ich viele Jahre selbst in den unpassendsten Momenten stand, hinterfragte, tauchten sofort Erinnerungen auf, wie ich als Kind auf absolute Pünktlichkeit dressiert wurde. Ich musste zum Beispiel nicht zur halben oder vollen Stunde zu Hause sein, sondern »spätestens um drei Minuten vor... oder sieben Minuten nach ..., sonst ...« – was Zeit zu einer von Minuten abhängigen Bedrohung machte.

Ihnen kommen vielleicht Ihre Schullehrer in den Sinn, die Sie zwangen, pünktlich zum Klingeln den Aufsatz oder die Mathearbeit fertig zu haben. Sonst gab es schlechte Noten, Schimpfe, Tadel. Und natürlich waren da auch noch all die von anderen festgesetzten Essens-, Schlafens-, Lern-,

Spiel- undsoweiter-Zeiten unserer Kindheit, die oft in keinerlei Einklang mit unseren eigenen Bedürfnissen standen. Woraus wir unbewusst folgern mussten, dass *wir* keine Zeit haben. Egal, was wir taten oder vorhatten zu tun, wir mussten uns nach dem Timing der anderen richten, sonst drohten irgendwelche Strafen. Auf diese Weise wurde uns der Eindruck vermittelt, dass Zeit etwas ist, was nur anderen frei zur Verfügung steht. Diese unbewusste Erfahrung bestimmt unser Zeitempfinden oft ein Leben lang mit.

Mit Sätzen wie: »Man lässt andere nicht warten!« lernte ich auch zu glauben, dass die Zeit anderer Menschen irgendwie mehr wert war als die, die ich zugeteilt bekam. Ich konnte mich kaum an einen Termin erinnern, bei dem ich nicht überpünktlich gewesen war; abgehetzt auf andere wartete, damit ja niemand anderer seine kostbare Zeit vergeuden musste. Vor allem jedoch hatte ich erfahren, dass die Zeit anderen gehörte. Sie waren es, die darüber bestimmten. Sie waren es, die meine Zeit einteilten, sie mir nahmen oder gaben, je nachdem, wie es ihnen gerade in den Kram passte. Ihre Zeiteinteilung war es, nach der ich mich zu richten hatte.

Das mag für das Kind seine Ordnung gehabt haben. Doch das aus diesen Erfahrungen entstandene unbewusste Glaubensmuster, dass andere einen größeren Anspruch auf Zeit haben und einem selbst nur ein begrenzter Teil davon zur Verfügung steht, wird von den meisten auch noch im Erwachsenenalter weitergelebt – was sich in dem weit verbreiteten Ausdruck »sich Zeit nehmen« und dem daraus resultierenden permanenten Zeitmangel widerspiegelt.

Die Ursache des Gefühls, keine oder nicht genügend Zeit zu haben, liegt weniger darin, dass wir uns zu wenig Zeit nehmen, sondern vielmehr darin, dass wir glauben, uns Zeit zu nehmen oder nehmen zu müssen. Egal, ob wir uns die Zeit für etwas nehmen oder nicht, mit dem Wort nehmen begrenzen wir von vornherein unser Gefühl für Zeit. Es ist dieser Begriff, der unsere Zeit frisst, weil er den Glauben schürt, keine Zeit zu haben.

Sich Zeit »zu nehmen«, »nehmen zu müssen«, »nehmen zu wollen« oder »nehmen zu sollen«, ist immer wieder aufs Neue Bestätigung und somit Futter für das Glaubensmuster, dass wir entweder anderen die Zeit stehlen oder uns selbst ein Stück Zeit aus unserer Zukunft herausschneiden. Zeit, die uns dann sicher fehlt, wenn wir dort ankommen, wo wir die Zeit entnommen haben: irgendwo in unserem künftigen Leben. Je mehr Zeit wir uns in der Gegenwart nehmen, so glauben wir unbewusst, desto größer wird das Zeitloch, das uns erwartet und in das wir in Zukunft geraten.

Je weniger Zeit wir uns also nehmen, umso mehr davon, so hoffen wir, werden wir eines Tages haben. Und obwohl jeder, der unbewusst so denkt und handelt, die Erfahrung macht, dass das ein Trugschluss ist, geizen wir mit der Zeit, als sei sie Geld. Vielleicht kommt daher der Spruch: Zeit ist Geld. Etwas, von dem wir nie genug haben; das es auf die hohe Kante zu legen gilt, für bessere oder schlechtere Tage.

Doch ist Ihnen schon einmal aufgefallen, dass Sie irgendwie nie dort ankommen, wo Sie das Gefühl wähnen, nun endlich und endgültig ausreichend Zeit gespart und zur Verfügung zu haben? Haben Sie auch eher den Eindruck, dauernd der Zeit hinterherzujagen, immer unter Zeitdruck zu stehen. Und egal, wie sehr Sie sich beeilen, irgendwie nie genug Zeit zu haben? Sie können sich Zeit nehmen, so oft und so viel Sie wollen – solange Sie sich Zeit nehmen, werden Sie nie wirklich das Gefühl haben, Zeit zu haben.

Wer sich Zeit nimmt, lebt Zeitquantität.

Wer sich Zeit gibt, lebt Zeitqualität.

Dank des Menschen, der mich einst angehalten hat, mir die Hintergründe meiner unbewussten Einstellung zur Zeit bewusst zu machen, hat sich mein Verständnis für Zeit um 180 Grad gedreht. Er forderte mich auf, etwas zu tun, was sehr einfach war und mein Erleben von Zeit auch sinnlich schlagartig veränderte. Eine Aufforderung, von der inzwischen auch viele Klienten profitiert haben und die ich hier an Sie weitergeben möchte:

Sagen Sie einmal laut: »Ich nehme mir jetzt die Zeit, mich zehn Minuten auszuruhen.«

Tun Sie es noch einmal, langsam, und hören Sie ganz bewusst, was Sie da sagen. Stellen Sie sich dabei vor, wie Sie sich die Zeit nehmen; welches Gefühl das in Ihnen auslöst und welches es hinterlässt.

Sagen Sie dann laut: »Ich gebe mir jetzt die Zeit, mich zehn Minuten auszuruhen.«

Und stellen Sie sich vor, wie Sie das tun. Achten Sie genau darauf, wie es sich anfühlt, sich Zeit zu geben, und in welches Bewusstsein Sie das bringt. Wiederholen Sie die beiden Sätze so oft hintereinander, bis sich Ihr Verstand daran gewöhnt hat; bis Sie den Unterschied spüren können und in Ihnen das Bewusstsein erwacht, dass Zeit etwas ist, das Sie sich selbst geben können, ohne sich oder einem anderen dadurch etwas wegzunehmen.

Zeit ist wie Luft, die jedem von uns zur Verfügung steht, die nicht weniger wird oder uns später fehlt, wenn wir jetzt ein paar Mal mehr oder tiefer atmen.

Sobald Sie dieses Bewusstsein wieder erweckt haben, stellen Sie sich noch einmal Situationen vor, in denen Ihre Sätze bisher wie folgt angefangen haben oder hätten und formulieren Sie sie zu Ende. Zum Beispiel:

»Die Zeit nehme ich mir jetzt einfach.«

»Ich sollte mir wirklich die Zeit nehmen, obwohl .......

........................................................................................«

»Ich müsste mir mehr Zeit nehmen, damit ....................

........................................................................................«

»Ich werde mir irgendwann die Zeit nehmen, um .....

........................................................................................«

»Ich kann mir die Zeit nicht nehmen, weil ....................

........................................................................................«

Sagen Sie jeden einzelnen Satz laut und lassen Sie sich Zeit bewusst wahrzunehmen, wie sich das anfühlt.

Streichen Sie dann jeweils nur das Wort nehmen durch und ersetzen Sie es durch geben. (»Die Zeit gebe ich mir jetzt einfach.«) Sprechen Sie nun wieder jeden Satz laut aus. Betonen Sie dabei ruhig das Wort geben, damit Sie die Veränderung bewusst miterleben. Und nehmen Sie wahr, welche Wirkung das auf Sie und Ihr Bewusstsein hat.

Fühlen sich die Geben-Sätze noch genau so un-realisierbar an wie die Nehmen-Sätze? Haben sie immer noch den gleichen Beigeschmack von Druck, Aussichtslosigkeit, Abhängigkeit und Un-verantwortlichkeit, den Sie bei den Nehmen-Sätzen empfanden? Oder taucht nun eher die Frage auf: »Wieso eigentlich nicht?« Erkennen Sie jetzt viel-leicht sogar, wie unbegründet kleinlich Sie bisher unbewusst mit Ihrer Zeit umgegangen waren?

Wenn Sie Ihre Aussagen, sich Zeit zu geben, be-wusst hören, werden Sie höchstwahrscheinlich nicht nur eine ganz neue Bereitschaft und Ent-schlossenheit spüren, Ihre Vorhaben zu verwirkli-chen. Sie werden sicher auch ganz spontan Ver-wirklichungsmöglichkeiten erkennen und eine überraschende Unabhängigkeit und angenehme Selbstverantwortlichkeit empfinden.

Einige Zeit, nachdem ich meine geistige Uhr auf Er-wachsensein umgestellt und den diesbezüglichen Jetlag überwunden hatte, kam einer meiner Klien-ten zu spät. Ganz außer Atem, über alles Mögliche schimpfend und sich tausendmal entschuldigend, kam er angehetzt. Sein Ärger galt nicht etwa der Tatsache, dass wir nun weniger Zeit für die Sitzung zur Verfügung hatten. Er war verärgert mit sich, weil er mich hatte warten lassen. Er war unbewusst so auf die Einhaltung des erlernten Musters bedacht, sich zeitlich nach anderen richten zu müssen, dass er die Wirklichkeit gar nicht mehr wahrnahm, sondern überzeugt davon war, mir die Zeit gestohlen zu haben. Tatsache war, dass ich keinerlei Nachteile durch seine Verspätung hatte.

Als ich ihm sagte, dass ich mich auf seine Kosten noch ein bisschen hatte ausruhen können und ihm sogar dankbar dafür sei, schaute er mich völlig verdutzt an. Auf die Idee, die Situation von dieser – realistischen – Seite zu betrachten, wäre er, wie er sagte, von selbst nicht gekommen. Mit der Zeit war auch seine Überzeugung, dass Zeit anderen gehört, so groß geworden, dass sie die Wahrnehmung der Realität nicht nur überschattete, sondern einfach zugedeckt hatte.

Wir arbeiteten an diesem Morgen ausschließlich am Thema Zeit. Zwei Tage später kam er wieder zu spät. Doch diesmal lächelnd, entspannt und überaus zufrieden. Stolz berichtete er, unterwegs mehrmals körperlich gespürt zu haben, wie ihn das alte Muster treiben wollte und wie er die unbewusste Gewohnheit, seine geistige Uhr auf andere eingestellt zu haben, regelrecht anhalten musste, um sich die momentane Wirklichkeit, in der er sich befand – nämlich frei über seine Zeit entscheiden zu können – bewusst zu machen und sich die Zeit zu geben, die er brauchte, um in Ruhe das zu tun, was er im Moment als das für ihn Wichtigere und

Richtigere empfand. Die zehn Minuten, die er sich dafür gegeben hatte, fehlten in der folgenden Sitzung weder ihm noch mir. Im Gegenteil: Entspannt, wie er war, fiel es ihm leichter denn je, sich auf sich selbst einzulassen.

# 15 ZUVERLÄSSIGKEIT

*»Ich verlasse mich total
auf dich.«*

Klienten, die sich gerade entschlossen haben, eine Therapie bei mir zu machen, fügen der Mitteilung dieser Entscheidung gern wohlwollend hinzu: »In allem anderen verlasse ich mich ganz auf Sie.« Wenn ich ihnen dann sage, dass ich keineswegs einverstanden damit bin, ist ihnen meist deutlich anzusehen, dass sie mit dem Gedanken spielen, ihre Entscheidung rückgängig zu machen. Doch ehe sie sich versehen, sind sie, sobald ich ihnen verdeutliche, warum sie sich lieber nicht auf mich verlassen sollten, bereits mitten in der Therapie.

Von Zuverlässigkeit sprechen wir, wenn sich andere Menschen auf uns oder wir uns auf andere verlassen können. Das sind die Menschen, mit denen wir gern zusammen sind. Und die wir besonders mögen, weil sie uns das Leben leicht oder zumindest leichter machen. Dagegen empfinden wir Leute, auf die wir glauben, uns nicht verlassen zu können, als unangenehm. Wir können sie nicht ausstehen, weil sie unzuverlässig sind und uns damit das Leben schwer oder gar zur Hölle machen.

Auch wenn Sie bereits Erfahrungen mit solchen Menschen haben, wird es Sie jetzt, am Ende dieses Buches, wahrscheinlich kaum noch überraschen, wieder etwas zu lesen, das im ersten Moment absurd oder zumindest verwunderlich klingt:

Es gibt keinen Menschen, auf den Sie sich nicht verlassen können.

Sie können sich auf jeden und alles verlassen. Denn ausschlaggebend dafür, ob Sie sich als Erwachsener auf einen anderen verlassen oder nicht, ist nicht der Charakter des anderen. Ausschlaggebend dafür, ob und auf wen oder was Sie sich verlassen, ist, wann und wie oft Sie bereit sind, sich selbst zu verlassen. Denn: Sobald Sie sich auf einen anderen verlassen, können Sie sicher sein, sich selbst verlassen zu haben.

Wann immer wir uns auf andere verlassen, wenden wir uns von uns selbst ab. Wir verlassen uns, um andere machen zu lassen. Und obwohl wir das jedes Mal ganz offen zugeben und ehrlich sagen, merkt es keiner. Der Grund dafür ist, dass wir uns unbewusst eines Tricks bedienen, der uns und andere glauben macht, das wir etwas Nettes tun. Der Trick ist das unserem Geständnis hinzugefügte Wort auf oder darauf.

184

Der Begriff sich verlassen steht immer im Zusammenhang mit auf oder darauf, dass ... – also mit einem hinweisenden Fürwort – das auf alles hinweist, nur nicht auf das, was wir selbst gerade tun. Wodurch unserem Bewusstsein die Möglichkeit entzogen wird, zu erkennen, was gerade tatsächlich geschieht. Denn der Hinweis auf oder darauf richtet unsere Aufmerksamkeit augenblicklich auf das, was ihm folgt. Und da das meist den anderen betrifft, vermittelt es ihm das Gefühl, wichtig zu sein. Und hinterlässt in uns selbst den trügerischen Eindruck, bereits auf dem Weg dorthin zu sein, wo wir hinwollen, oder zumindest alles getan zu haben, um dort anzukommen.

In Wahrheit verlassen wir uns, um die Verantwortung, die wir selbst in dieser Angelegenheit haben, auf einen anderen abzuladen. Wir setzen einen anderen auf den Fahrersitz in dem Glauben, weiterhin das Steuer in der Hand zu haben. Schließlich haben wir ihm ja gesagt, wo es langgeht oder wo wir hinmöchten. Das Dumme ist nur, dass wir in dem Moment, in dem es losgeht, noch nicht einmal auf dem Beifahrersitz Platz genommen, sondern unbewusst das Auto verlassen haben.

Jeder, der sich schon einmal auf einen anderen Menschen verlassen hat, kennt die Sorge, am Ende im Stich gelassen zu werden. Was wir nicht erkennen und doch unbewusst ahnen, ist, dass wir uns selbst im Stich gelassen haben, sobald wir diese Befürchtung verspüren. Denn unbewusst wissen wir natürlich alle, was wir unbewusst tun. Was möglicherweise die seltsame Befriedigung erklärt, die manch einer empfindet, wenn sich dieses unbewusste Wissen schließlich bewahrheitet: »Ich hab's doch gewusst, dass ich mich nicht auf dich verlassen kann!«

Wenn Ihr Verstand spätestens jetzt mit einer seiner Lieblingstätigkeiten beschäftigt ist, nämlich alles, was (noch) nicht die eigene Erfahrung ist, als nicht richtig unter Beweis zu stellen und Sie an Verträge, Verpflichtungen etc. denken lässt, die schließlich eingehalten werden müssen, dann hat er, was zweiseitige Vereinbarungen betrifft, Recht. Natürlich können Sie zum Beispiel von einem Mitarbeiter, dem Sie ein Gehalt zahlen, mit Recht erwarten, dass er dafür auch seine Arbeit macht. Doch die meisten Fälle, in denen wir uns auf etwas oder jemand anderen verlassen, sind eine sehr einseitige Angelegenheit, da wir uns selbst aus ihnen meist völlig raushalten.

Wenn Sie sich zum Beispiel darauf verlassen, dass der andere pünktlich ist, und ihm das auch noch sagen, glauben Sie, dass Sie alles Notwendige getan haben. Doch in Wahrheit soll nun er das Notwendige tun, damit Sie nicht zu warten brauchen. Sie verlassen sich, damit der andere handelt.

Für ein besseres Verständnis dieser vielleicht ungewohnten Sichtweise bitte ich Sie, einmal anstelle von: »Ich verlasse mich auf ... oder darauf ...«, das Wort damit einzusetzen.

Also statt zu sagen: »Ich verlasse mich auf dich, dass du pünktlich bist«, zu sagen: »Ich verlasse mich, damit du pünktlich bist.«

Hört sich irgendwie unlogisch an, nicht? Ist es auch. Und doch ist es wahr. Wahrheit ist nicht logisch. Es ist zum Beispiel völlig unlogisch, von anderen Menschen zu erwarten, dass sie für Sie etwas tun, was nur Sie selbst für sich tun können. Und doch ist es wahr, dass Sie das unbewusst erwarten, wenn Sie sich auf jemand anderen verlassen.

»Aber ich bin doch pünktlich«, könnten Sie jetzt sagen. Schön, dass Sie sich in diesem Punkt auf sich selbst verlassen können. Doch worum es Ihnen eigentlich geht und dessen Sie sicher sein wollen ist, dass Sie nicht zu warten brauchen. In diesem Punkt haben Sie sich (auf den anderen) verlassen, weil Sie nicht selbst dafür gesorgt haben, dass Sie nicht länger warten werden, als Sie wirklich wollen.

»Wie soll ich dem anderen denn sonst vermitteln,

187

dass ich nicht warten will?«, werden Sie vielleicht fragen. Ganz einfach: Indem Sie sich unabhängig vom anderen machen und für die Verwirklichung Ihres Wunsches selbst die volle Verantwortung übernehmen. Also statt sich zu verlassen, bewusst zu sich kommen, um zu schauen, was Sie wirklich wollen und was Sie selbst dafür bereit sind zu tun.

Was Sie in Wahrheit verwirklicht haben wollen, ist nicht, dass der andere pünktlich ist, sondern dass Sie nicht zu warten brauchen. Sie sind es, der etwas für sich erreichen will. Also sollten Sie, wenn Sie wirklich sicher sein wollen, dass es geschieht, selbst das dafür Notwendige tun und auch in dem, was Sie anderen darüber mitteilen, bei sich bleiben.

Der sicherste Weg, um einen Schritt weiterzukommen, ist, ihn selbst zu machen.

Ein solcher Schritt wäre zum Beispiel, zu sagen: »Ich werde pünktlich sein und höchstens fünf Minuten warten. Danach gehe ich.«

Die Widerstände, die von der Vorstellung, sich vom anderen unabhängig zu machen, oft in uns ausgelöst werden, beruhen auf dem unbewussten Glauben, dass das, was wir im Zusammenhang mit einem anderen erreichen wollen, nur vom anderen zu verwirklichen ist. Was zur Folge hat, dass wir glauben, auf etwas verzichten zu müssen, sobald wir uns in unseren Entscheidungen und unserem Handeln vom anderen lösen. Diese Befürchtung wird jedoch einzig und allein von der Gewohnheit genährt, uns von Anfang an auf andere zu verlassen, statt vom Anfang bis zum Ende zu uns selbst zu stehen. Dass wir das so selten tun, ist der Grund, warum viele unserer Wünsche und Bedürfnisse nicht in Erfüllung gehen.

Von vornherein den Preis für das von uns Gewünschten, selbst zu zahlen, fällt uns schwer, weil es leichter und bequemer scheint, es auf Kosten anderer verwirklicht zu sehen. Doch am Ende werden wir fast immer doch noch selbst zur Kasse gebeten, weil wir für die Verwirklichung unserer eigenen Belange durch andere mit Frust und Ärger zu zahlen pflegen. Womit wir uns völlig unnötige Un-Kosten aufhalsen, weil wir mit ihnen nicht das Geringste verändern oder bewirken.

Weder endlos zu warten noch sauer zu sein, macht den anderen pünktlich. Es macht ihm höchstens ein schlechtes Gewissen. Und wie Sie sicher aus Erfahrung wissen, garantiert weder das, noch die Ankündigung: »Diesmal verlasse ich mich aber wirklich darauf, dass du pünktlich bist«, dass der andere beim nächsten Mal pünktlich ist. Warum sollte er in seinem Leben etwas ändern? Vielleicht will er das gar nicht oder braucht es nicht, weil seine Erfahrung ist, dass Sie warten werden, wenn's sein muss, ewig. Doch schneller macht ihn das nicht.

Wenn Sie dagegen, wie angekündigt, nach genau fünf Minuten gehen, kostet Sie das wahrscheinlich im Moment einige Überwindung. Denn natürlich haben Sie sich nicht verabredet, um dann allein irgendwo hinzugehen. Und natürlich würden Sie das, was Sie vorhaben, lieber mit dem anderen gemeinsam unternehmen. Vielleicht haben Sie sogar bis eben geglaubt, in Ihrem Vorhaben auf den anderen angewiesen zu sein. Doch wenn Sie trotzdem zu Ihrem Wort stehen, können Sie sicher sein, dass es seinen Preis wert ist. Weil Sie damit nicht nur sich selbst, sondern auch dem anderen die Möglichkeit ganz neuer Erfahrungen geben: Sie werden vielleicht noch ein zweites, jedoch bestimmt kein drittes Mal mehr umsonst warten. Denn entweder wird er spätestens beim dritten Mal pünktlich sein, weil ihm gar nichts anderes übrig bleibt, um Sie anzutreffen, oder Sie werden mit jemand anderem verabredet sein.

Sich wirklich darauf verlassen, dass sich in Ihrem eigenen Erleben etwas verändert, können Sie nur, wenn Sie selbst etwas ändern. Denn Sie sind der einzige Mensch, auf den Sie sich wirklich verlassen können; der Sie zuverlässig dort hinbringen kann, wo Sie hin möchten.

Um dort auch anzukommen ist es wichtig, dass Sie die Entscheidungen, die Sie für sich selbst treffen und ankündigen, auch einhalten. Denn die Frage ist nun: Kann ich mich auf mich selbst verlassen? Diese Frage sollten Sie sich immer stellen, bevor Sie Ihre Entscheidung kundtun. Also die Selbstverantwortung, in die Sie sich bringen, so gestalten, dass Sie auch bereit sind, sie einzuhalten. Denn von sich selbst im Stich gelassen zu werden, ist oft schmerzlicher, als sich von anderen im Stich gelassen zu fühlen.

Wer sich auf andere verlässt, verlässt sich, wie gesagt, selbst. Dagegen kommt der, der sich entscheidet, sich auf sich selbst zu verlassen, erst richtig zu sich. Denn sich auf sich selbst zu verlassen, bedeutet nicht nur, sich aus der Abhängigkeit von anderen zu entlassen, sondern auch, das Dachstübchen seines Glaubens, Hoffens und Denkens zu verlassen, um bewusst zu sich selbst zurückzukehren; sich auf sein Selbst einzulassen und sich bei der Verwirklichung seiner Wünsche und Bedürfnisse beizustehen.